Couvertures supérieure et inférieure
en couleur

COUVERTURES SUPERIEURE ET INFERIEURE D'IMPRIMEUR

LE
ROI DES GUEUX

I

A LA MÊME LIBRAIRIE

ŒUVRES DE PAUL FÉVAL

	fr. c.
Aimée. 1 vol.	1 »
Alizia Pauli. 1 vol.	1 »
Les amours de Paris. 2 vol.	7 »
L'arme invisible et Maman Léo. 2 vol.	2 »
L'avaleur de sabre et Mademoiselle Saphyr. 2 vol.	2 »
Blanchefleur. 1 vol.	1 25
Le Bossu. 2 vol.	7 »
Bouche de fer. 1 vol.	3 50
Le capitaine Fantôme. 1 vol.	1 »
Les filles de Cabanil. 1 vol.	1 »
Talavera-de-la-Reine. 1 vol.	1 »
La chambre des amours. 1 vol.	1 »
Cœur d'acier. 2 vol.	7 »
La cosaque. 1 vol.	» 60
Le dernier vivant. 2 vol.	2 50
Les deux femmes du roi. 1 vol.	1 »
Le drame de la jeunesse. 1 vol.	3 50
La fabrique de mariages. 1 vol.	3 50
Les habits noirs. 2 vol.	7 »
Jean-Diable : 1° Une nuit à Londres; 2° Le château de Delcamp; 3° Le procès criminel. 3 vol.	3 »
Le jeu de la mort. 1 vol.	1 »
La tontine infernale. 1 vol.	1 »
Madame Gil-Blas. 2 vol.	7 »
Les mystères de Londres. 2 vol.	7 »
La pécheresse. 1 vol.	1 25
La province de Paris. 1 vol.	1 »
Le quai de la ferraille. 2 vol.	2 »
Le roi des gueux. 2 vol.	2 50
La maison de Pilate. 2 vol.	2 50
Le roman de minuit. 1 vol.	» 60
La rue de Jérusalem. 2 vol.	2 »
La tache rouge. 2 vol.	7 »
Le tueur de tigres. 1 vol.	3 50
La vampire. 1 vol.	1 »
Le volontaire. 1 vol.	3 50

OUVRAGES DE PAUL FÉVAL, FILS

	fr. c.
Le fils de Lagardère (suite du *Bossu*). 2 vol.	7 »
Le collier sanglant. 1 vol.	1 25
Le boucher des dames. 1 vol.	1 25
Le livre jaune. 1 vol.	3 50
Le crime du juge. 1 vol.	» 60

Imprimerie de Poissy — S. Lejay et Cie.

LE
ROI DES GUEUX

PAR

PAUL FÉVAL

TOME PREMIER

NOUVELLE ÉDITION

PARIS

E. DENTU, LIBRAIRE-ÉDITEUR

3 ET 5, PLACE DE VALOIS, PALAIS-ROYAL

Tous droits réservés.

LE
ROI DES GUEUX

PREMIÈRE PARTIE
LE DUC ET LE MENDIANT

I
UNE NUIT A SÉVILLE

En ce temps, Séville était encore la reine des Espagnes, malgré la suprématie politique accordée par Philippe II à Madrid la parvenue. La capitale nouvelle avait la cour et donnait son nom aux actes de la diplomatie péninsulaire depuis la fin du règne de Charles-Quint; mais, pour le peuple espagnol, Séville restait toujours la ville royale. Ses mosquées transformées en basiliques, son palais maure qui ne le cède qu'à l'Alhambra, ses campagnes fécondes et embaumées, son fleuve magnifique, sa gloire resplendissante, jetaient un facile défi à ce pauvre et aride coteau, baigné par ce ruisseau bourbeux, le Mançanerez, où s'étageaient les vaniteuses masures madrilènes, comme le mendiant de Castille redresse son incorrigible fierté sous les lambeaux de sa cape criblée.

Ce n'était pas de Madrid qu'on aurait pu chanter, de Bilbao à Tarifa l'Africaine, et de Valence à Lisbonne, capitale d'un tout jeune royaume :

> Quien no ha visto a Sevilla
> No ha visto a maravilla.
> (Qui n'a vu Séville n'a vu de merveille.)

Philippe IV aimait Séville. Au moins une fois chaque année, les riches tentures de l'Alcazar voyaient le jour et secouaient leur poussière pour fêter la bienvenue du souverain. Ce prince, aussi malheureux que faible, avait déjà perdu le Portugal, qui avait proclamé son indépendance et choisi pour roi, Jean de Bragance, héritier par les femmes de Jean Ier; il était en train de perdre la Catalogne, et ses ambassadeurs, comme ses armées, pliaient partout devant le génie ennemi de Richelieu; mais il ne puisait dans ses revers aucune résolution mâle.

Son ministre favori était chargé de voir, d'entendre, de penser et d'agir pour lui. Fuyant les affaires, cherchant le plaisir, il fermait incessamment l'oreille au grand murmure de la nation espagnole, qui accusait hautement le ministre d'impéritie ou de trahison.

Partout fermentait le mécontentement. Les provinces, ruinées par la guerre et attaquées dans leurs privilèges constitutionnels par les capricieuses réformes du favori, commençaient à refuser la taxe. Les séditions se multipliaient, éclatant à la fois sur les points les plus opposés du royaume. A Madrid, à Valladolid, à Tolède, on avait vu des processions moqueuses courir les rues, lors du dernier carnaval, escortant une bannière ainsi blasonnée, contre toutes les règles de la science héraldique : « De sable, au fossé du même », avec cette devise cruelle qui faisait allusion aux pertes récentes de Philippe IV et au surnom de Grand que le ministre favori lui avait décerné de sa propre autorité : *Plus on lui prend, plus il est grand.*

A Séville enfin, à Séville, si fière de son titre de *ciudad leal* (cité loyale), on avait trouvé, placardée à la porte de l'Alcazar, une variante plus insolente encore du même thème. Au lieu de l'écusson, c'était une estampe représentant toujours le fossé symbolique autour duquel se groupaient cinq fossoyeurs : l'Anglais, le Français, le Hollandais, le Portugais et le Catalan. La légende amendée portait : *Agrandissement de la Maison d'Autriche.*

La cour se divertissait cependant, et les dernières courses de Saragosse avaient été splendides.

La nuit du 28 au 29 septembre 1641 avait été marquée à Séville par un mouvement inaccoutumé. Après les réjouissances de la Saint-Michel, dont l'hermandad d'Andalousie et le bureau du saint-office avaient permis la prolongation jusqu'à onze heures avant minuit, tous les logis s'étaient fermés comme d'habitude, et de la Juiverie silencieuse au bruyant quartier des Gitanos, au-delà du fleuve, la ville était devenue muette. C'est à peine si les serenos, dormant debout et balançant leur petite lanterne au bout de la longue hallebarde, entendaient çà et là, dans leur promenade solitaire, quelque chant attardé derrière les jalousies tombées des *maisons de délices*, tolérées, moyennant larges finances, par la Très Illustre Audience. Il suffisait alors d'un petit coup frappé aux carreaux pour faire taire romances et guitares.

Mais entre deux et trois heures du matin on aurait pu entendre au delà des murailles du nord, le bruit d'une nombreuse cavalcade arrivant par la route de Lerena; la Puerta del Sol, où se voit encore ce beau soleil peint à la détrempe avec sa chevelure ébouriffée de rayons d'or, leva sa herse et ouvrit ses deux battants à l'appel impérieux de deux cavaliers de la Très Sainte Confrérie parlant au nom du roi catholique.

Trois gardes et un alferez moitié endormis se rangèrent sous la voûte au port d'armes, après avoir lancé pour la forme le : *Qui vive ?* auquel il fut répondu :

— Sauf-conduit royal !

L'alferez jeta un coup d'œil sur le parchemin déplié à la lueur des torches que portaient les deux premiers cavaliers. Il mit aussitôt la main à la demi-salade qui lui couvrait la tête, et se recula respectueusement.

La cavalcade s'engagea sous la voûte.

Elle était composée d'un nombre assez considérable de gens armés qui semblaient, pour la plupart, des serviteurs de noble maison, et de cinq ou six femmes, dont deux, montées sur de superbes genêts et voilées de la tête aux pieds, étaient

évidemment des personnes de haute qualité.
Autant qu'on en pouvait juger sous l'ampleur de
leurs voiles, l'une atteignait déjà le milieu de la
vie, tandis que l'autre était une toute jeune fille.
Les duègnes et suivantes qui les accompagnaient avaient des mules pour monture.

La cavalcade venait de loin, sans doute. Les
manteaux des gens de l'escorte étaient tout gris
de poussière.

Les archers de la confrérie s'engagèrent les
premiers dans la rue étroite et tortueuse qui fait
suite à la porte du Soleil. Leurs torches éclairaient
en passant les maisons hautes et sombres qui
semblaient toutes s'incliner en avant, à cause des
appentis sur consoles qui s'ajoutent d'étage en
étage aux logis de l'Espagne méridionale, et qui
donnent aux rues l'aspect uniforme d'une voûte à
gradins renversée, fendue à sa clef pour laisser
voir une étroite bande du ciel. D'autres contrées
cherchent des armes contre le froid ; ici, tout est
calculé pour détourner les rayons trop ardents du
soleil.

Le pas des chevaux allait tantôt sonnant, tantôt
s'étouffant, selon que la voie capricieuse était
ferrée de petits cailloux ou défoncée et recouverte
d'un épais tapis de poudre. La rue tournait à
chaque instant. La lueur des torches prolongeait
l'ombre grêle des portiques musulmans, ou arra-
chait quelque faible étincelle aux bizarres magni-
ficences des fenêtres mauresques ; puis tout à
coup, derrière ces légères et féériques perspectives, se carrait le lourd profil d'une maison
espagnole.

Pas une parole n'était prononcée dans l'escorte. De temps en temps, sur son passage, quelque croisée curieuse s'ouvrait, car ce n'était point chose ordinaire que de voir semblable cortège dans les rues de Séville, à cette heure. Au travers des planchettes de quelque jalousie baissée, un long regard suivait les deux torches qui échevelaient dans la nuit leurs flammes fumeuses et rouges.

Qu'était-ce? Une mystérieuse cérémonie du saint-office? La maison du comte-duc venant rejoindre le roi?

On ne savait. Les cavaliers étaient trop peu nombreux pour escorter la reine. Et d'ailleurs, pourquoi la fille de Henri IV de France, aimée et respectée du peuple espagnol, eût-elle choisi les heures nocturnes pour faire son entrée dans sa loyale cité de Séville?

On ne savait, en vérité. Les fenêtres se refermaient. La cavalcade muette poursuivait son chemin.

Après un quart d'heure de marche environ, les deux archers de la confrérie s'arrêtèrent en même temps à l'entrée d'une petite place de forme irrégulière, fermée d'un côté par une massive construction d'aspect monumental et sombre, de l'autre par des arcades mauresques dont quelques-unes tombaient en ruine.

L'extrémité opposée de la place s'ouvrait sur une rue courte et large, dont le développement laissait voir le portail gothique d'une église.

L'un des archers dit :

— C'est bien ici la maison de Pilate. Voici le Sépulcre à gauche. Nous sommes sur la place de Jérusalem.

— Si la senora duchesse n'a pas eu à se plaindre de ses fidèles serviteurs, ajouta l'archer en portant la main à son morion de cuir, nous nous recommandons à sa munificence.

La plus âgée des deux dames voilées jeta une bourse, qui fut adroitement saisie au passage.

Et les deux archers, à l'unisson :

— Que Dieu, la Vierge et tous les saints soient à tout jamais les protecteurs de sa seigneurie, très noble, très illustre et très généreuse !

En Espagne, les superlatifs ne coûtent pas plus qu'en Italie.

— Frappez, Savinien! ordonna celle qu'on appelait la duchesse.

Un vieux valet, armé jusqu'aux dents et portant sur l'épaule gauche une rondache du temps du Cid Campéador, descendit de cheval et s'avança vers la porte principale de ce grand bâtiment noir désigné sous le nom de « la maison de Pilate. » Il souleva un énorme marteau de fer ciselé qui, retombant de son poids sur la plaque, fit retentir tous les échos des alentours.

L'escorte entière, à ce moment, avait quitté la rue et se développait sur la place.

— Je me nomme Pablo Guttierez, et je suis de Santarem, dit celui des deux archers qui avait parlé le premier. Mon camarade a nom Sancho tout court et sa naissance est un secret de famille ; il est de Ségorbe. Que la très illustre senora duchesse daigne ne point oublier les noms de ses fidèles serviteurs, au cas où ils auraient besoin de sa protection puissante.

Ils s'inclinèrent tous les deux jusque sur le garrot de leurs chevaux; mais, au lieu de s'éloigner après ce salut, ils levèrent leurs torches et se prirent à compter à voix haute le nombre des serviteurs composant l'escorte.

La duchesse dit :

— Savinien, frappez plus fort.

Le vieux valet obéit à tour de bras, et l'on entendit dans la cour intérieure, ou *patio*, les aboiements essoufflés d'un vieux chien.

— Zamore a entendu, murmura la duchesse, d'une voix changée par l'émotion.

En ce moment Pablo Guttierez s'écria :

— Il y avait quinze hommes d'escorte à la porte du Soleil; je n'en trouve plus que treize. La senora duchesse peut-elle m'expliquer ce mystère?

Sancho, l'autre archer, comptait à haute voix de un jusqu'à treize.

— Que veut dire cela? demanda la duchesse; ne manque-t-il aucun de nos hommes?

— Aucun! répondit un grand beau cavalier vêtu en gentilhomme et qui avait l'honneur d'être le premier écuyer de sa seigneurie, mais il y avait ces deux voyageurs...

— Quels voyageurs? fit la duchesse avec impatience. Frappez plus fort, Savinien!

La porte antique sonna une troisième fois sous les coups répétés du marteau.

— On y va, Vierge sainte! gronda une voix cassée dans la cour. Les Maures ont-ils repris Séville?

Pendant cela, Osorio, le premier écuyer, répondit à sa noble maîtresse :

— S'il plaît à Votre Seigneurie, je parle de ces deux voyageurs qui nous suivent depuis Valverde. Peut-être, pour traverser la campagne de Séville qui n'est pas sûre, s'étaient-ils glissés parmi notre escorte.

La plus jeune des deux dames n'avait pas encore prononcé une parole. Elle était immobile sur son joli cheval. Elle détourna la tête aux derniers mots d'Osorio, et se dirigea vers la porte, dont la grosse serrure criait. La duchesse voulut suivre cet exemple ; mais les deux archers, sans rien perdre de leurs formes respectueuses, lui barrèrent formellement le passage.

— Très puissante senora, dit Pablo Guttierez, nous étions honnêtement couchés dans nos lits, au Berrocal, mon camarade et moi, quand l'alguazil mayor nous a requis de vous faire escorte jusqu'à la maison de Pilato, au haut de la rue des Caballerizas, à Séville. Nous retournons de ce pas au Berrocal. Faudra-t-il garder le silence, ce qui est pécher par omission et mérite pénitence marquée au neuvième titre de la formule ? Faut-il avouer à l'alguazil mayor que, dans ces malheureux temps de troubles, nous avons fait ouvrir nuitamment la porte de Séville à deux inconnus, mal intentionnés peut-être ?

Les deux battants de la porte grinçaient en roulant sur leurs gonds, le vieux chien geignait ; en se hâtant, la voix cassée de l'intérieur dit, avec cette emphase qui ne manque jamais aux discours andalous :

1.

— Entrez, qui que vous soyez, et tous tant que vous êtes. Chez Medina-Coli, la porte s'ouvre à toute heure. Le maître est prisonnier, la maîtresse est dans l'exil, mais la maison reste, et jamais on n'a demandé à l'hôte que Dieu envoie : Qui êtes-vous ?

C'était une grande femme, un peu courbée par l'âge. La lueur des torches montrait ses cheveux gris épais, ses traits rudement accusés et l'éclat perçant de ses yeux noirs.

— Osorio, commanda la duchesse, donnez encore dix pistoles à ces bons chrétiens, pour le repos de leur conscience, et qu'ils retournent d'où ils sont venus.

Il paraît que Pablo Guttierez et même Sancho tout court n'en demandaient pas davantage, car ils ne protestèrent plus, et, à peine le premier écuyer leur eut-il compté les pistoles, qu'ils tournèrent bride en appelant sur lui toutes les bénédictions célestes.

La jeune dame, cependant, passait à cheval la porte haut-voûtée de la maison de Pilate. La senora duchesse la suivait de près. Vous eussiez vu sur le seuil cette grande femme à la taille courbée, qui, redressée à demi et la bouche entr'ouverte, soulevait d'une main sa lanterne, tandis que son autre main étreignait sa poitrine. Ses jambes tremblaient violemment. Le vieux chien rampait jusque sous les jambes des chevaux et poussait des hurlements étranges.

— Est-ce que tu es fou, toi aussi, Zamore ? murmura la vieille, dont l'œil dur se mouilla.

La duchesse écarta son voile. Le rayon de la

lanterne frappa ses traits mélancoliques et fatigués par la souffrance, mais qui gardaient une admirable beauté.

— Zamore se souvient, Catalina, dit-elle.

Un grand cri s'étouffa dans la gorge de la vieille femme. Elle se laissa choir sur ses genoux, tandis que la lanterne s'échappait de ses mains. Zamore, qui avait entendu son nom, se redressa sur ses quatre pattes et jappa en tendant le cou. Il parvint à lécher la main que sa noble maîtresse abaissait vers lui en se retenant au pommeau de la selle.

Mais Catalina s'était relevée.

— Pascual! Pedro! Antonio! cria-t-elle tout à coup d'une voix vibrante et rajeunie, hors du lit, fainéants, à votre devoir! Zamore l'a reconnue le premier : les chiens ont une âme. Que Dieu soit remercié! Que la Vierge sainte soit bénie! J'ai tant prié pour votre retour, senora de mon cœur, ô ma chère maîtresse! Bonjour, Savinien! je te reconnais bien, malgré ta barbe grise... Holà! Pedro! Antonio! les deux Pascual! malheureux! Des torches pour recevoir celle qui est la première après Dieu dans votre maison! Salut, seigneur Osorio! Vous êtes parti enfant, vous revenez homme...

— Et celle-ci! s'interrompit-elle en se précipitant sur la main de la plus jeune des deux dames, qu'elle baisa avec une tendresse dévote, est-ce ma petite Isabel, la fille de mon lait, mon amour, mon orgueil? Jésus mort pour nous! on grandit donc aussi dans l'exil?

Elle chancela, brisée par son émotion.

Toute l'escorte avait maintenant franchi le seuil. La plupart des cavaliers et toutes les femmes suivantes avaient déjà mis pied à terre.

C'était une cour vaste, mais assombrie par les hautes constructions qui l'entouraient. L'herbe y croissait entre les dalles. Aux lueurs nocturnes qui tombent incessamment du ciel pur dans ces sereines contrées, on apercevait la perspective confuse de deux portiques à basses et lourdes arcades. Au fond, le corps de logis arrêtait la vue par ses lignes massives et d'une grandeur étrange.

Sous le cloître de gauche, trois clartés s'allumèrent à la fois; quatre hommes s'élancèrent à demi-nus : un vieillard et trois jeunes gens.

— Que t'avais je dit, Catalina? s'écria le vieux en se hâtant à larges enjambées, j'avais rêvé de nuages s'écartant pour nous laisser voir le soleil! On n'a pas prononcé le nom de ceux qui viennent, mais qu'est notre soleil, sinon Medina-Celi? A genoux, enfants! plus près, sous le pas du cheval! Les Nunez font cela pour leur senora et pour la reine.

Les torches éclairaient la scène de leurs éclats rouges et vacillants. Les quatre Nunez étaient agenouillés : Pascual le vieillard, les trois jeunes gens (Pascual II°, Pedro et Antonio); Catalina pressait la main de la jeune dame contre ses lèvres.

Celle-ci releva son voile, à l'exemple de sa mère, et découvrit cette fine et merveilleuse beauté des fleurs de l'Andalousie. Le genou d'Osorio lui servait d'étrier; elle tomba, leste et gracieuse, dans les bras frémissants de sa nourrice.

La duchesse descendit à son tour et donna sa belle main aux baisers pieux des Nunez. Il y a un charme dans le retour, quelles que soient d'ailleurs les causes concomitantes de tristesse. Les gens de l'escorte étaient joyeux ; peu à peu, la cour s'emplissait de bruits où perçaient déjà quelques rires.

— Silence ! ordonna la duchesse ; l'exil est fini, mais la proscription n'est pas levée. Cette maison n'est-elle pas toujours veuve de son maître ?

Comme pour prêter plus de force à ses paroles, la flamme des torches éclairait ses longs vêtements de deuil.

— Nul n'a le droit de se réjouir ici, ajouta-t-elle, tant que la dure captivité pèsera sur notre seigneur le duc.

La cour était muette. On entendait la brise nocturne dans le feuillage sonore des grands vieux orangers plantés le long des cloîtres.

Éléonore de Tolède, duchesse de Medina-Celi, reprit en s'adressant aux Nunez :

— Mes bons amis, vous n'étiez pas prévenus ; peut-être n'y a-t-il point d'appartements préparés pour nous recevoir ?

Catalina se redressa.

— Qu'avions-nous donc à faire, dit-elle, nous, vos serviteurs, sinon à espérer votre retour ? Dieu merci ! l'homme a encore le bras robuste, et les enfants sont de bons cœurs. Les chambres sont comme au moment du départ ; nous n'y trouverez même pas l'odeur de l'absence. Chaque matin, depuis quinze ans, l'air a pénétré derrière les draperies des alcôves ; chaque soir, le soleil couchant a souri au travers des jalousies entr'ouvertes. La poussière du lendemain ne s'est pas ajoutée à celle de la veille. C'était notre devoir et notre bonheur ; nous faisions comme si le logis eût gardé ses nobles hôtes... et nous disions parfois : A quelque heure du jour ou de la nuit qu'ils arrivent, ils trouveront tout ce qu'ils ont laissé : des murs sains, des couches fraîches et des serviteurs dévoués.

Autour de ses lèvres et sur la bouche des quatre Nunez, il y avait le même sourire.

La duchesse leur donna de nouveau sa main, et dit plus gaiement :

— On nous aime donc encore ? Merci, bonnes gens... Messieurs, retirons-nous.

Pascual se dirigea aussitôt vers l'entrée d'honneur, qu'il ouvrit à deux battants. Le vieux Zamore alla se poster auprès du seuil pour mendier une caresse au passage. La duchesse, appuyée sur le bras d'Osorio et suivie par ses femmes, ouvrit la marche. On pénétra sous le vestibule aux piliers orientaux, aux peintures murales naïvement éclatantes. Tout était comme la nourrice l'avait annoncé. Ces revenants auraient pu croire que leur absence n'avait été qu'un rêve, si les années écoulées ne laissaient après elle des témoignages trop certains. La duchesse Éléonore avait quitté ces lieux dans tout l'éclat de sa jeunesse fière et heureuse, emportant dans ses bras jusqu'à la litière de voyage un tout petit enfant, son espoir, son trésor. Elle revenait maintenant, la duchesse Éléonore, toujours belle, mais belle de cette austère et douce beauté qui couronne le front des mères.

Et l'enfant d'autrefois était cette adorable jeune fille d'aujourd'hui, à la taille souple et haute.

Catalina, la nourrice, avait eu raison de le dire, on grandit aussi dans l'exil. Mais voyez ces plantes qui nous viennent de loin et qui croissent sevrées du soleil natal. Parmi les suaves rayonnements de la jeunesse et derrière le charme qui couronnait le front d'Isabel, vous eussiez entrevu je ne sais quelles vagues mélancolies.

La duchesse parcourut, grave et muette, ces imposantes galeries qui lui parlaient de tant de souvenirs. Arrivée à la porte de sa chambre, elle déposa un baiser sur la joue froide d'Isabel, et passa le seuil, pressée qu'elle était sans doute de se donner tout entière à sa méditation.

Isabel avait le cœur serré. Aurait-elle su dire pourquoi ? Peut-être, car les plis de son voile avaient tressailli quand on avait attiré l'attention de sa mère sur ces deux voyageurs mystérieux, mêlés furtivement à l'escorte, puis furtivement disparus.

Son appartement était dans le même corridor que celui de sa mère. C'était Catalina qui lui servait de guide : les Nunez distribuaient les serviteurs et gens de l'escorte dans les diverses parties des communs.

— Voici notre chambre, nina... commença-t-elle. Puis, se reprenant :

— Noble senorita, voici la chambre où nous dormions toutes deux.

Elle ouvrit la porte. Isabel, accordant à peine à l'ameublement un regard distrait, gagna précipitamment la fenêtre.

Et cependant l'ameublement avait pour elle un intérêt tout particulier. La pièce principale était un berceau de métal ciselé, orné de ses tentures à la fois riches et charmantes. Le long des murs, tapissés de cuir cordouan, des multitudes de jouets s'amoncelaient. Dans le berceau il y avait une poupée étendue.

Était-ce le dernier jeu d'Isabel enfant? Était-ce un mélancolique amusement de la pauvre nourrice?

— Senorita, dit celle-ci tristement, vous étiez trop jeune : vous ne vous souvenez de rien !

Et comme Isabel pensive restait à la fenêtre, dont elle avait soulevé les rideaux :

— Ceci est votre petit lit, senora. Vous teniez là dedans, et il était bien trop grand pour vous. Voici vos joujoux, la poupée que vous aimiez le mieux, le gitano... le contrebandier... le moine... et ce char mignon dans lequel je vous traînais sous les lauriers roses, là-bas, autour de la fontaine. Est-ce que vous vous trouvâtes plus heureuse dans cette Estramadure où il n'y a déjà plus de cactus vermeils ni de lenstiques à l'ombrage parfumé ?

— Bonne nourrice, dit Isabel, je me suis toujours souvenue de vous, mais tout le reste est sorti de ma mémoire.

— De moi ! s'écria Catalina; rien que de moi ! Sainte Vierge, je fais vœu de tresser une couronne en fil d'or pour la tête de votre divin fils ! La nina se souvenait de moi ! Si vous saviez comme je vous aimais, senorita... et comme je vous aime ! Une fois, dans les premiers temps de votre absence, j'avais fait un rêve... car je rêvais toujours de vous... je vous avais vue tout habillée de blanc dans une barque abandonnée au cours du Guadalquivir...

— Catalina, interrompit brusquement la jeune fille, qu'y a-t-il sous cette fenêtre? la nuit est sombre et je ne peux distinguer les objets.

Un gros soupir souleva la poitrine de la nourrice.

— Il y a la place, noble senorita, répondit-elle, la place de Jérusalem avec la rue des Cabellerizas à gauche, la rue Impériale à droite ; en face, l'arcade mauresque sous laquelle vous aimiez tant voir danser les gitanos.

— Et par quelle rue sommes-nous arrivés cette nuit? interrompit encore Isabel, nous venons de la porte du Soleil.

— Vous êtes arrivés par la rue des Cabellerizas, senorita.

— Merci, bonne Catalina. Nous nous reverrons demain. Je veux causer avec vous souvent. Où est la chambre d'Encarnacion?

La nourrice jeta un regard jaloux sur une fillette à l'œil de feu, aux cheveux plus noirs que le jais, qui disposait déjà dans un coin de la pièce les bagages de sa jeune maîtresse.

— N'avez-vous donc point de duègne? demanda-t-elle vivement.

L'idée lui venait sans doute de se proposer pour cet important office.

— Il ne m'est pas encore arrivé de sortir sans

ma mère, répondit Isabel, qui répéta : Où est la chambre d'Encarnacion ?

Catalina montra du doigt une porte communiquant avec la ruelle du grand lit.

— A demain donc, bonne nourrice, dit Isabel ; la fatigue m'accable, je sens que j'ai besoin de sommeil.

En un clin d'œil Catalina prépara le lit. Encarnacion ne lui disputa point cet honneur. Le regard de la bonne femme fit le tour de la chambre, puis elle se retira après avoir baisé encore une fois le bout des doigts de sa nina.

Isabel resta un instant debout devant la croisée.

— C'était l'heure... murmura-t-elle, sans savoir qu'elle parlait.

La voix d'Encarnacion lui donna un sursaut.

— Senora, disait la soubrette d'un petit air innocent, avez-vous pris garde à cette singulière aventure : deux hommes mêlés à notre escorte? Et il paraît qu'ils nous suivaient depuis longtemps. Moi, je ne regarde jamais ni à droite ni à gauche... surtout en voyage, les cavaliers sont si hardis! Mais Maria soutient que l'un des deux est un beau jeune homme, malgré son pauvre harnois, et que ses yeux étaient bien souvent fixés sur...

Elle n'acheva pas, en dépit de sa bonne envie. Le doigt d'Isabel désigna la porte ouverte dans l'alcôve.

— Retirez-vous, ma fille, dit la belle Medina ; je n'ai plus besoin de vous.

Encarnacion se hâta de faire une profonde révérence et sortit sans répliquer. Mais le diable n'y perdait rien. Encarnacion se dit, avant de réciter sa prière du soir :

— En entrant, elle a couru à la fenêtre. Elle a demandé ce qu'il y avait sous le balcon. J'ai vu son visage s'éclairer quand elle a su que la croisée ne donnait point sur les cours intérieures. Elle a un secret... Ma mère, qui a servi vingt ans, d'abord camériste de la Cabral, puis en qualité de duègne des filles de Miraflorès, ma mère s'y connaît et m'a dit : Tâche d'avoir le secret de ta maîtresse.

Isabel était accoudée contre l'appui du balcon. Sa tête charmante s'inclinait sur son épaule, ses beaux cheveux, que n'emprisonnait plus la dentelle, tombaient à longs flots sur son sein. Son regard se perdait dans la nuit du dehors.

— C'était l'heure, répéta-t-elle entraînée par rêverie ; j'entendais son pas de bien loin. Le feuillage des myrtes s'agitait... mon cœur se prenait à battre...

— Mon cœur bat, s'interrompit-elle en posant sa main sur sa poitrine ; jamais je ne l'avais attendu si longtemps... j'ai peur.

Dans le silence, une étrange musique montait par bouffées. C'était une séguidille exécutée sur la mandoline aiguë, qu'accompagnaient les sons lourds et mous de la guitare. Parfois, un bruit de voix confuses étouffait le concert. Puis encore tout se taisait.

— Et pourtant, reprit la belle Medina, il est à Séville... S'il était venu à Séville pour une autre que moi !

Une ombre se détacha des piliers mauresques qui

faisaient face à sa fenêtre. Des pas sonnèrent sur le pavé de la place. Isabel rentra précipitamment et souffla sa lumière. Le vieux chien Zamore aboya sourdement dans la cour.

— C'est lui, pensait Isabel; soyez bénie, mère de Dieu, c'est pour moi qu'il est venu!

Quand elle se rapprocha de la fenêtre pour soulever de nouveau le coin de la jalousie, l'ombre était au milieu de la place. L'âme de la jeune fille passa tout entière dans ses yeux, qui essayèrent de percer les ténèbres.

Là-bas? murmura-t-elle indécise et inquiète; il me semblait plus grand que cela... plus svelte...

D'autres pas retentirent sur le pavé de la rue Impériale. L'ombre siffla. Une grosse voix répondit à cet appel :

— Bien, bien, seigneur Pedro Gil! J'ai joué à cache-cache avec un diable de garde de nuit qui me serrait les talons. Cela m'a retardé. Je baise les mains de votre seigneurie!

La jalousie d'Isabel retomba. Elle gagna sa couche à pas lents et s'agenouilla devant son prie-Dieu.

Celui qu'elle attendait ne s'appelait pas Pedro Gil.

II

LA PLACE DE JÉRUSALEM

La place était restée déserte après l'entrée de la cavalcade dans la cour de la maison de Pilate.

Les deux archers de la confrérie s'étaient éloignés au trot de leurs chevaux, dans la direction de la Macarena, quartier des hôtelleries populaires. Le silence régnait de nouveau dans la maison de Pilate et aux alentours. Aucun bruit ne s'élevait de la ville endormie, sauf ce concert mystérieux et intermittent dont nous avons parlé déjà. Les sons de la mandoline et de la guitare semblaient partir d'une grande maison mauresque à laquelle appartenaient ces arcades qui faisaient face aux croisées d'Isabel. Les bruits de voix qui éclataient parfois et troublaient l'harmonie sortaient également de ce logis, dont les portes et les fenêtres étaient cependant honnêtement closes.

Il n'y avait point de lune au ciel, qui resplendissait de toutes ses étoiles comme un immense dais dont l'azur, à la fois limpide et sombre, se parsèmerait de prodigieux diamants. Tous les poètes l'ont dit : ces nuits de l'Espagne méridionale ont un éclat autre et plus grand que l'orgueil de nos meilleurs jours.

Les façades noires des maisons environnantes se détachaient sur ce lumineux firmament. Toutes les lueurs étaient au ciel, laissant l'ombre propice à la terre.

L'air était tiède. Par intervalles une brise paresseuse passait, chargée de senteurs tropicales. Son souffle faisait plaintivement crier la girouette de Saint-Ildefonse, cette église gothique qui fermait la perspective du côté du sud et dont le minaret parlait encore de la domination arabe.

De temps en temps, au lointain, on voyait glisser une lueur, et la voix monotone des gardes de nuit psalmodiait ce mot : *sereno*, qui est devenu leur nom.

Il fait beau, *sereno*, toujours beau. Chez nous, s'il y avait des gens chargés comme autrefois de crier le temps qu'il fait, la nuit, on les appellerait les hommes de la pluie.

Tout en haut du clocher de Saint-Ildefonse, un grondement sonore se fit. C'était la vieille horloge qui se mettait en train de sonner l'heure. Elle était enrouée et infirme comme Zamore, et moins fidèle que lui, car elle avait mesuré le temps aux musulmans comme aux chrétiens. Après un râle préparatoire, qui dura une demi-minute, elle tinta trois coups fêlés ; ce fut comme un signal. A droite, à gauche, devant, derrière, de loin et de près, les cent et quelques églises de la ville pieuse sonnèrent trois heures en un feu de file irrégulier. La voix aigre des petits clochers de chapelle grinçait parmi le tonnerre des bourdons des grandes paroisses, et, pour surcroît, les trompes de la cathédrale, de la Caridad, de Saint-Jean-de-Dieu et de la Merced, entonnèrent leurs annonces supplémentaires, sonnant un mot rauque et prolongé pour chaque coup de cloche. Cela dura dix bonnes minutes, et tous les dormeurs de Séville durent savoir en rêve l'heure qu'il était.

Deux hommes arrivaient au bout de la rue des Caballerizas (écuries) au moment où l'horloge de Saint-Ildefonse s'ébranlait. Ils étaient à pied, tenant leurs chevaux par la bride. Bête et gens avaient sur le corps une épaisse couche de poussière.

L'un des nouveaux arrivants était un cavalier

à la démarche jeune et fière ; l'autre, un paysan à courte taille qui, cependant, ne semblait manquer ni d'agilité ni de force. Vous eussiez dit le maître et le valet, sans l'extrême simplicité du costume de celui qui, par sa tournure et la noblesse de son visage, eût pu passer pour un maître. Il portait, il est vrai, un pourpoint taillé à la mode des gentilshommes, mais en gros cuir de buffle, et le ceinturon qui soutenait sa rapière n'était qu'une simple courroie non vernie. Son manteau, son feutre et ses bottes éperonnées accusaient de longs services, et la plume qui ornait alors si coquettement la coiffure de tous les jeunes gens de bonne maison faisait défaut à sa visière.

Le valet avait en comparaison, un accoutrement moins maigre et mieux étoffé. Il portait le costume des rustres de l'Estramadure : sombrero à bords étroits, veste et soubreveste de *fustan* brun, aux coutures recouvertes d'un rude galon de laine ; culottes courtes, guêtres de toiles, rejoignant les espadrilles ou cothurnes de gros chanvre tressé.

— Seigneur don Ramire, dit avec tristesse ce bon garçon, qui tirait la bride de son bidet d'un air découragé, l'Espagnol est sobre de sa nature, mais Dieu lui a donné un estomac comme à tous les autres habitants de l'univers. Depuis Arracena, où j'ai mangé un oignon poivré et bu un verre d'eau claire, je ne me souviens pas d'avoir rien mis sous ma dent.

— La paix ! fit don Ramire qui tendit vivement l'oreille.

Le cri du sereno, s'ajoutant au chœur des horloges, retentissait de l'autre côté de la place, dans la rue Impériale.

Ramiro jeta un regard inquiet tout autour de lui.

— La police est taquine et inquiète à Séville, murmura-t-il; on dit cela. Nous n'avons pas de sauf-conduit. Fais entrer les deux chevaux sous cette voûte, et pas un mot.

— Si cette voûte menait seulement à une hôtellerie ! soupira Bobazon en obéissant.

La voûte était percée sous la dernière maison de la rue, avant d'arriver à la place. Elle menait à une fontaine commune placée à l'entrée de la cour. Il n'y avait pas trace d'hôtellerie.

Bobazon attacha les deux brides au robinet de la fontaine et s'assit sur la pierre. Don Ramiro était resté en dehors; il se cachait à demi derrière la saillie de la voûte. De là il pouvait voir la sombre façade de la maison de Pilate.

Son regard chercha une lumière, de croisée en croisée : toutes les fenêtres étaient uniformément couvertes de leurs jalousies, et derrière les jalousies aucune lueur ne brillait.

— La chambre qu'on lui a choisie donne peut-être sur les jardins, pensa-t-il.

Puis, se reprenant :

— Je suis fou ! Elles n'ont pas encore eu le temps de gagner leurs appartements.

On voit que ce beau don Ramiro avait ses préoccupations comme l'honnête Bobazon, son compagnon d'aventures.

La lanterne du sereno se balançait à l'autre bout de la place. C'était un grand diable de Castillan, long comme la hampe de sa hallebarde, et plus maigre. Il vint d'un pas indolent jusqu'aux arcades mauresques, derrières lesquelles le concert se taisait en ce moment pour faire place à de joyeux murmures entrecoupés de rires. Il prit sa lanterne à la main et donna un grand coup de sa hallebarde contre les volets fermés.

Les cris et les rires s'éteignirent. Le volet massif s'ouvrit, et une voix discrète demanda :

— Qui va là ?

Puis, tout de suite après :

— Ah ! c'est vous déjà, bon Esequiel. Est-il donc trois heures du matin ?

— Le temps vous passe, seigneur Galfaros, répondit le garde ; Dieu veuille que vous soyez bien préparé à l'heure qui vient tôt ou tard pour nous tous. Renvoyez vos chalands ou payez les redevances.

— C'est ruineux, Esequiel, mon ami, fit dolemment le seigneur Galfaros ; sur l'honneur de mon nom, je serai obligé de fermer boutique.

— Un demi-peceta pour l'audience, compta le garde ; trois réaux pour le saint-office, un cuarto pour moi, pauvre malheureux, cela fait en tout cinq réaux et un quarto, ou vingt-six cuartos et un misérable ochavo, ou cent-six petits maravédis de Philippe III, dont Dieu ait l'âme !

— Pour une heure, Esequiel ! A couper huit heures de nuit noire, cela fait deux cent-dix cuartos de bon cuivre, ou quarante-deux réaux, ou plus de deux douros et demi... c'est ruineux ?

— Encore êtes-vous petit cousin d'un familier, seigneur Galfaros. On vous protège. Allons, payez ou fermez !

Le seigneur Galfaros tira de la vaste poche de sa soubreveste un boursicot de cuir et se prit à compter des pièces de monnaie sur l'appui de sa fenêtre.

— Vous avez bonne société, cette nuit? demanda Esequiel.

— Assez, puisqu'il plait à Dieu. Saint Antoine, mon respecté patron, protège et bénit mon pauvre établissement. Nous avons à souper les danseuses basques et quelques jeunes seigneurs. Voilà votre affaire, ami Esequiel.

— Auberge au soleil et cabaret au clair de lune, dit le garde en recomptant soigneusement la monnaie. Vous devez gagner votre pesant d'or, seigneur Galfaros. Il manque mon cuarto.

— Pas possible! donnez...

— Donnez vous même! Voudriez-vous faire tort à un père de famille?

— Vous l'avez reçu, Esequiel, soyez juste!

— On parle de reviser l'édit des plaisirs, qui date de 1421... c'est trop vieux. Sur les renseignements que je fournirai, on pourrait bien vous taxer au double, seigneur Galfaros.

— Tenez, bon Esequiel, tenez : deux cuartos au lieu d'un. Faites-moi dégrever plutôt, nous partagerons la différence.

— Jusqu'au revoir, seigneur Galfaros, et grand merci.

— La bonne nuit! seigneur Esequiel, on ne vous reverra que trop tôt.

Le volet fut refermé. Le sereno remit sa lanterne au bout de sa pique, et poursuivit sa promenade paresseuse après avoir jeté son cri sempiternel :

— La paix de Dieu! trois heures! beau temps!

Notre jeune voyageur avait attendu avec impatience la fin de cet entretien. Tant que le colloque avait duré, son regard était resté braqué sur les croisées closes de la maison de Pilate. Il s'enfonça sous la voûte pour laisser passer le sereno. Quand le pas de celui-ci se fut étouffé au détour de la rue, il appela doucement :

— Bobazon!

Le brave rustre ne répondit que par un ronflement sonore. Notre jeune homme se dirigea vers lui à tâtons, et le trouva commodément étendu sur le pavé qui entourait la fontaine. Il dormait de tout son cœur, la tête entre les quatre pattes de son bidet.

Don Ramiro ne jugea point à propos de troubler ce paisible sommeil. Il regagna la rue, et ne put retenir un cri de joie en voyant qu'une fenêtre s'était éclairée dans la noire façade du palais de Medina-Celi. La lueur faible brillait au travers d'une jalousie baissée, mais l'œil d'un amoureux perce de bien autres obstacles.

Et ce beau don Ramiro était amoureux à en perdre l'esprit.

Notez qu'à son costume il était aisé de voir qu'il n'avait guère autre chose à perdre.

Avez-vous parfois regardé au travers d'une jalousie?

Les lignes se brisent de tablette en tablette et présentent un dessin tremblé que tous les Roméo connaissent. C'est joli, parce que tout est joli qui touche aux jeunes amours. Ces formes demi-voilées offrent un vaporeux aspect. On a en quelque sorte l'effet mystérieux du masque de velours, non plus sur le visage seulement, mais du haut en bas, et il faut l'œil de Lindor pour appliquer à coup sûr le nom de Rosine à cette étrange silhouette coupée par bandes, comme les figures émaillées argent et sable qu'on voit sur les vieux écussons.

La première idée de don Ramire fut de s'élancer, car il se disait : Elle est là. Elle m'attend.

La lampe allumée à l'intérieur projetait très distinctement le profil d'une femme sur les planchettes de la jalousie.

Il n'y avait même pas de doute dans l'esprit de don Ramire : c'était Isabel.

Mais était-elle seule ? Là-bas tout au bout de l'Estramadure, de l'autre côté du Tage, au pied de la sierra Gala, quand don Ramire rôdait, la nuit, autour de cet antique château de Penamacor, il y avait un signal. Ce serait péché mortel pour un amant espagnol que d'oublier sa guitare. La guitare chante dans les nuits étoilées de ce poétique pays, comme la chouette ou le hibou dans nos nuits déshéritées. On ne fait pas attention à la guitare. En écoutant la guitare, les duègnes se retournent entre leurs draps et disent : « Voilà l'amour qui passe ! » absolument comme nos bergers, bien clos dans le bercail, se rient du loup qui hurle impuissant au dehors.

Certes, le loup en hurlant montre peu de prudence, mais cela ne l'empêche point de croquer la dîme du troupeau.

Peut-être les amoureux espagnols, qui sont les plus délicats, les plus chevaleresques, les plus discrets du monde, feraient-ils mieux d'abandonner la guitare. C'est une grave question. Quoi qu'il en soit, entre don Ramire et cette charmante Isabel la guitare avait joué un grand rôle. Elle vous l'a dit. Il y avait un bosquet de myrtes.

Car c'était bien don Ramire que cette adorable Isabel attendait cette nuit, au lieu de ce Pedro Gil qui s'était montré tout à coup sur la place.

C'était bien don Ramire et son valet Bobazon, le digne garçon, qui avaient pénétré dans Séville à la faveur de l'escorte. Nous dirons quelque jour au lecteur les petits incidents de cette odyssée.

Il y avait donc un bouquet de myrtes. Don Ramire annonçait son arrivée par un accord de guitare. Encore une fois, dans cette heureuse Espagne, on ne sait point d'expédient plus adroit. Isabel était prévenue, et quand ses femmes avaient achevé leur tâche, elle venait au balcon tremblante et tout émue.

Oh! ces nuits embaumées! ce silence des jardins amoureux! ces rares paroles qui allaient descendant et montant, comme les boules d'or des jongleurs! ces soupirs, ces extases!

Tous ces chers enfantillages de la première tendresse!

Il était haut, ce balcon. Outre la guitare, l'Espagne produisit de tout temps l'échelle de soie, mais le pauvre Ramire n'avait que sa guitare.

Comme il regrettait sa guitare aujourd'hui! Le scrupule le prenait. Encarnacion était peut-être encore auprès de sa maîtresse. Il n'osait mettre le pied dans cette place déserte, de peur d'éveiller les soupçons de la camériste. Et cependant Isabel attendait ; elle pouvait se lasser d'attendre, quitter la fenêtre et la refermer, en l'accusant, lui, Ramire, de paresse ou d'indifférence. Il hésitait.

Mais le raisonnement venait ici en aide au désir ; il allait surmonter sa crainte, lorsqu'un homme sortit de l'ombre des arcades mauresques.

Celui-là s'était sans doute aussi caché pour éviter la rencontre du garde de nuit. Il fit quelques pas sur la place d'un air indécis et inquiet : l'œil de Ramire, désormais habitué à l'obscurité, pouvait détailler son costume et sa personne.

Il portait le costume andalous et le sombrero rabattu. Il était petit, large d'épaules, mais étroit par la base. Malgré sa longue épée, dont la pointe soulevait les pans de son manteau, son aspect n'était rien moins que belliqueux. Ramire se dit tout de suite : Ce doit être un scribe du conseil des vingt-quatre ou quelque étudiant de bonne maison.

Ramire se trompait, mais pas de beaucoup. Le promeneur de nuit avait en effet l'honneur d'être oidor à l'audience royale de Séville depuis une couple d'années. Le comte-duc d'Olivarez en personne lui avait fait obtenir cet emploi par haine des Medina-Celi, dont le seigneur Pedro Gil avait été l'intendant infidèle.

Le seigneur Pedro Gil avait été chassé du château de Penamacor, par la duchesse Éléonore, dont il épiait les démarches tout en lui volant ses revenus. On disait que la duchesse avait en main les preuves de ses nombreuses malversations, et qu'elle aurait pu l'envoyer au gibet. On ajoutait que le seigneur Pedro Gil était entré pauvre au service des Medina ; on l'accusait d'avoir payé par la plus noire ingratitude les bienfaits de cette noble famille.

Ceux qui parlaient ainsi avaient sans doute raison, quant à la moralité du fait ; mais pour ce qui est du gibet, ils avaient tort. Sous Philippe IV, s'il n'était pas très malaisé d'envoyer un innocent à la potence, on éprouvait en revanche des difficultés majeures dès qu'il s'agissait de museler seulement le plus enragé coquin du monde, pour peu que ce coquin fût soutenu. Or, le seigneur Pedro Gil avait pour patrons Gaspar de Guzman, ministre favori, et don Bernard de Zuniga, premier secrétaire d'État. Il y avait de la marge entre lui et la corde.

Quoi qu'il en soit, le seigneur Pedro Gil, logé à l'enseigne de tous les ingrats, détestait mortellement ses anciens bienfaiteurs. Il avait juré de leur faire payer cher l'humiliation qu'il avait, disait-il, reçue de la duchesse Éléonore.

Il parvint au milieu de la place de Jérusalem et se prit à écouter attentivement. Les pas lourds du veilleur de nuit se perdaient au lointain. Aucun autre son ne venait des rues environnantes ; on aurait cru la ville morte sans la gaie musique des danses aragonaises qui avaient repris dans l'honnête maison du seigneur Galfaros. La mandoline et la guitare y faisaient assaut de prestesse, jouant une jota dont la mesure courait à vous faire perdre haleine.

Pedro Gil tendait l'oreille dans la direction de la rue Impériale.

— Le coquin me ferait-il faux bond ? grommelat-il ; trois heures et un quart bientôt. Et de la lumière aux croisées de la maison de Pilate !, ajouta-t-il en se tournant vers la fenêtre d'Isabel.

Sa voix avait une singulière expression de rancune.

— Il est temps, reprit-il, faisant involontairement quelques pas vers la rue Impériale.

Ramire s'était avancé à pas de loup jusqu'à la première arcade mauresque régnant le long du cabaret qui portait ce nom de deuil : *le Sépulcre*. Il n'entendait rien assurément du monologue prononcé ou seulement pensé par son compagnon de promenade. Une seule chose prenait pour lui quelque signification : c'était le regard lancé par le seigneur Pedro Gil à la fenêtre éclairée. Ramire avait surpris ce regard.

Peu d'instants après, il vit la lumière s'éteindre derrière la jalousie d'Isabel.

L'idée lui vint que ce mystérieux rôdeur avait un but pareil au sien. Dans un cœur espagnol, la jalousie jaillit au moindre choc, comme l'étincelle que la pierre tranchante et dure arrache à l'acier. Dès qu'elle a jailli, elle trouve tout autour d'elle des éléments plus inflammables que l'amadou même. Ramire tira d'instinct son épée ; il sortit à demi de l'ombre où il se cachait, et sa bouche s'ouvrait pour défier hautement son prétendu rival, lorsque le pavé de la rue Impériale sonna sous un pas pesant et à la fois précipité. Le coup de sifflet de Pedro Gil retentit ; la grosse voix que nous avons entendue répondit, et la jalousie soulevée d'Isabel produisit un léger bruit en retombant.

Tout cela se fit en un clin d'œil.

Un grand et gros gaillard, vêtu d'une casaque courte qui dessinait les proportions athlétiques de sa taille, déboucha sur la place. Il avait son manteau brun roulé et jeté sur l'épaule.

— Moins de bruit, Trasdoblo! murmura Pedro Gil, depuis cette nuit, les vieux murs ont ici des oreilles.

— Qu'ils écoutent, les vieux murs, répliqua le nouveau venu ; ils m'entendront louer saint Antoine de Padoue, mon très respecté patron, et souhaiter longue vie au roi don Philippe, notre seigneur. Voilà! Il n'y a pas de mal... à moins qu'ils ne soient hérétiques, les vieux murs, et séditieux, auquel cas, avec l'aide de la Vierge, moi Trasdoblo (et mon nom n'a pas honte de moi, que je sache), je contribuerai à les démolir de tout mon cœur!

Ce grand Trasdoblo vous débitait ces simples et loyales paroles d'une voix retentissante, qui éveillait à la fois tous les échos de la place de Jérusalem. Son larynx était puissant, mais son débit avait de l'embarras, parce que le trop d'épaisseur de sa langue le rendait un peu bègue. Le seigneur Pedro Gil le prit sans façon sous le bras et l'entraîna vers les arcades en disant :

— Si nous n'avions à parler que du roi don Philippe, ou de saint Antoine de Padoue, ce serait bien, mon brave garçon, mais...

— Nous avons donc à parler d'autre chose ?

— Tais-toi, d'abord, si tu veux savoir, et tenons-nous le plus loin possible de ces fenêtres closes, dont l'une était éclairée tout à l'heure.

— Bah! s'écria Trasdoblo ; il y a quelqu'un dans la maison de Pilato ?

— Il y a beaucoup de monde, répondit Pedro Gil.

— La duchesse est revenue peut-être ? C'est mon vieil homme de père qui la fournissait. Une maison de plus de vingt pistoles par semaine. Si la duchesse est revenue, nous tuerons un bœuf de plus tous les mercredis soir.

— La duchesse est revenue, dit froidement l'ancien intendant de Medina-Celi.

Trasdoblo frappa ses deux grosses mains l'une contre l'autre. Ce mouvement découvrit un objet brillant qui pendait à sa ceinture. C'était beaucoup plus large et beaucoup moins long qu'une épée. Devinons, puisque ce Trasdoblo parlait de tuer des bœufs : c'était un énorme coutelas de boucher.

Trasdoblo était en effet un de ceux qui pesaient le plus dans la confrérie des bouchers de Séville.

Pedro Gil et lui venaient d'entrer sous les arcades ; Ramiro n'avait eu que le temps de se dissimuler derrière son pilier. Ils marchaient côte à côte sur le sol poudreux de cette sorte de cloître. Ils parlaient beaucoup plus bas.

Le vaillant boucher avait sans doute compris les nécessités de la situation. Il adoucissait tant qu'il pouvait les éclats de sa voix de tonnerre.

Mais ce cloître était sonore : la voûte formait écho d'un bout à l'autre du *Sépulcre*. Don Ramiro, placé comme il l'était à l'une des extrémités de ce conduit acoustique, entendit dès l'abord presque toutes les paroles échangées.

Au premier moment, dominé qu'il était par son dépit et son impatience, il ne donna qu'une médiocre attention à l'entretien de ces deux étrangers.

Le nom de Pedro Gil l'avait bien frappé quelque peu : il savait partie de son histoire ; mais, en somme, qu'importaient à un chevalier errant tel que lui les intrigues subalternes d'un pareil coquin ?

Deux minutes ne s'étaient pas écoulées qu'il était cependant tout oreilles. Sa colère avait disparu ; son amour lui-même était pour un instant oublié.

Il se faisait petit derrière son pilier, tournant l'angle de la maçonnerie quand les deux interlocuteurs s'approchaient, avançant la tête au contraire et sortant presque entièrement de son abri quand ils remontaient vers l'extrémité opposée.

Si quelque lueur l'eût éclairé tout à coup, vous l'auriez vu tout pâle, la bouche contractée, les yeux brûlants. Il retenait son souffle. A de certains moments, une secousse nerveuse agitait son corps de la tête aux pieds.

Le seigneur Pedro Gil avait parlé le premier.

— Connais-tu le bon duc de Medina-Celi, honnête Trasdoblo? avait-il demandé.

— J'avais douze ans quand il fut mis dans la forteresse, répondit le boucher : mon père aurait donné son sang pour lui.

— C'était un saint ! et c'était un hidalgo ! prononça l'ancien intendant avec emphase ; ce n'est pas lui qui aurait fait du tort à un ancien serviteur ! mais les femmes...

— Si vous le voulez bien, seigneur Pedro Gil, interrompit Trasdoblo, qui pensait à la fourniture de la maison de Pilate, — nous mettrons ce sujet de côté.

— Je le veux d'autant mieux, mon brave ami, que ce sujet n'a aucun rapport avec celui qui va nous occuper. Il s'agit pour toi de ta fortune : la fourniture de l'Alcazar, celle du comte-duc, celle de don Bernard de Zuniga, le premier secrétaire d'État, celle de don Pascual de Haro, commandant des gardes et celle de don Baltazar de Zuniga y Alcoy, président de l'audience d'Andalousie.

— Toutes les cinq à la fois ? balbutia Trasdoblo ébloui.

— Ni plus ni moins, mon vaillant. Que penses-tu de l'aubaine ?

Le boucher ne répondit pas tout de suite. Il se gratta l'oreille ; son regard inquiet essaya de percer l'obscurité pour interroger la physionomie de l'ancien intendant.

— Je pense, murmura-t-il enfin, que le roi et ses deux ministres ne passent pas beaucoup de temps chaque année à Séville.

— Et n'y a-t-il pas toujours du monde à l'Alcazar, Trasdoblo ? Toujours du monde au palais de Zuniga et d'Olivarès ? Et n'as-tu pas envie d'être procureur juré de ta confrérie ?

— Que faut-il faire ? demanda brusquement le boucher.

— Voilà la pierre d'achoppement ! prononça Pedro Gil avec gravité ; le salaire les affriande, mais la besogne leur fait peur.

— Vous vous trompez, seigneur Pedro Gil. Je

songe seulement qu'il y a besogne et besogne. Pour peu que la vôtre convienne à un honnête homme et à un chrétien...

La main de l'ancien intendant posa sur son bras.

Ils étaient arrêtés tous deux à quelques pas du pilier derrière lequel se cachait don Ramiro.

— Ami Trasdoblo, prononça l'ancien intendant d'un ton froid, mais en accentuant chaque parole : nous savons que tu es un chrétien et un honnête homme ; mais avant de répondre à ta question, nous avons charge de t'en poser une autre : Ami Trasdoblo, ton coutelas de boucher est-il aussi bien affilé aujourd'hui qu'il était la nuit du vendredi-saint de l'an 1637?

Le gros homme recula comme s'il eût reçu un choc violent au visage.

Pedro Gil gardait ses bras croisés sur sa poitrine. Il poursuivit paisiblement :

— Nous sommes tous des honnêtes gens et des chrétiens. Ami Trasdoblo, ce fut un coup bien frappé que celui qui trancha l'artère du pauvre Beltran Salda, ton beau-frère, le peaussier de la rue de l'Amour-de-Dieu.

La tête du boucher tomba sur sa poitrine.

— J'ai donné bien de l'argent au chapitre de la cathédrale, balbutia-t-il ; on a dit bien des messes à Notre-Dame du Carmel ; j'ai bien prié la Vierge et les saints pour le salut de son âme...

— C'est preuve de bon cœur, ami Trasdoblo, mais si le coup dont nous parlons avait été asséné d'un bras moins ferme, nous nous serions adressé à un autre que toi.

— M'accuserait-on?... commença le boucher.

— Du tout! l'accusation suppose un doute ; nous n'avons pas l'ombre d'un doute... ami Trasdoblo, c'est moi qui suis chargé de cette affaire, en ma qualité d'auditeur second..

— Ayez pitié de moi, seigneur Pedro Gil! s'écria le géant dont les genoux fléchirent.

— A la bonne heure! fit l'ancien intendant ; tout à l'heure tu sentais le roussi. Mais du moment que tu te rends à discrétion... Voyons! auras-tu le bras ferme, l'œil juste, le cœur solide, s'il s'agit de frapper pour le service du roi?

— Pour le service du roi, oui, seigneur.

— Tu trembles? fit Pedro Gil en se rapprochant de lui.

— Seigneur, je ne suis pas un homme de guerre.

— N'as-tu du courage que contre tes proches?

— Seigneur, le pauvre Beltran nous avait fait tort dans la succession du drapier Trasdoblo, notre oncle ; j'avais du sang dans les yeux quand je portai ce malheureux coup. Dites-moi le nom de celui qu'il faut frapper pour le service du roi.

— Il n'a pas de nom, répondit Pedro Gil.

— Quel est son crime?

— Il a conspiré contre don Philippe d'Espagne.

— Que ses enfants soient maudits! Est-il ici, à Séville?

— Tout près de Séville.

— Qui me le désignera?

— La main de Dieu : il viendra lui-même se présenter à toi.

— Est-il jeune?

— Entre les deux âges.

— Est-il noble ?
— Chez nous, il n'y a pour conspirer que les grands.
— Et... quand faudrait-il ?...
— Aujourd'hui.
— Sitôt, Vierge sainte ! Serai-je seul ?
— Tu trembles trop. Tu auras une armée.

Trasdoblo releva la tête, et un large soupir soulagea sa poitrine.

— Et, reprit-il encore, où devrai-je me rendre ?
— A ton devoir ordinaire ; n'est-ce pas toi qui fournis la forteresse de Alcala de Guadaira ?
— Si fait, seigneur.
— Tu y vas trois fois la semaine.
— Trois fois, seigneur.
— Et c'est aujourd'hui ton jour ?
— Seigneur, c'est aujourd'hui.

Il y eut un silence. Don Ramiro avait peine à étouffer le bruit de son souffle dans sa poitrine oppressée.

Trasdoblo reprit :
— Ce sera sur la route ?
— Non, répondit Pédro Gil, n'interroge plus, écoute. Le charnier où tu déposes ta viande est dans la première cour, en dedans des petits murs ?
— Exactement, seigneur, c'est là que nous abattons.
— Tu as la clef de la poterne qui donne entrée dans cette première cour ?
— Seigneur, de père en fils, nous l'avons, depuis cinquante ans.
— Tu peux m'introduire par là quatre ou cinq braves déguisés en garçons bouchers...

— Y songez-vous, seigneur ? c'est dans la forteresse même ! On dit que la cellule du bon duc de Medina-Celi donne de ce côté...

— Il vous faudrait de l'artillerie, interrompit Pedro Gil, pour forcer la tour où le bon duc est renfermé ; ne t'inquiète point du bon duc et réponds.

— Seigneur, je puis faire ce que vous me demandez en risquant ma tête.

— Si tu ne le fais pas, ami Trasdoblo, ta tête sera coiffée du bonnet de flammes au prochain auto-da-fé : choisis !

— Je le ferai, seigneur... pour le service du roi.

III

GUEUSERIES

Pedro Gil et son compagnon remontaient le cloître, don Ramire sortit à demi de son abri pour écouter mieux, car ils parlaient maintenant tout bas. Ramire contenait à deux mains les battements de son cœur.

Il se disait, répétant les dernières paroles prononcées :

— « Pour le service du roi ! » Ce Pedro Gil a-t-il réussi à surprendre un ordre de la cour ? S'agit-il du père d'Isabel ? j'irai... j'irai jusqu'à l'Alcazar, je me jetterai aux pieds du souverain...

Trasdoblo demandait en ce moment à l'autre bout de la galerie :

— Si c'est pour le service de Sa Majesté, pourquoi a-t-on besoin d'un pauvre diable comme moi?

— C'est là de la haute politique, ami Trasdoblo, répondit l'ancien intendant avec importance. Les rois sont souvent trop cléments au gré des fidèles ministres qui les entourent.

— Alors, dit vivement le boucher, ce n'est pas pour le service du roi, c'est pour celui du comte-duc?

— Quel peut être l'intérêt d'Olivarez, sinon celui du roi? fit Pedro Gil en haussant les épaules; tu devrais te rendre justice, ami Trasdoblo; ces choses sont par trop au-dessus de ta portée. En tout ceci, tu as deux points à considérer : la récompense d'un côté, la peine de l'autre. Si tu avais étudié à Salamanque ou ailleurs, je te dirais que tu es pris entre les deux cornes d'un dilemme. La récompense est belle : je te garantis qu'avant un mois tu seras procurateur juré de la confrérie des bouchers de Séville... La peine est dure : elle ne se ferait pas attendre un mois, car le prochain *acte de foi* a lieu dans huit jours, et, comme le pauvre Beltran était affilié, ton crime ressort du Très-Saint Tribunal. Il faut choisir...

— Que Votre Seigneurie me donne ses instructions, interrompit Trasdoblo d'un air sombre.

— Ton choix est sage. A quelle heure portes-tu d'ordinaire tes provisions à la forteresse?

— Avant la grande chaleur, vers huit heures.

— Tu retarderas aujourd'hui ton voyage : il faut précisément que tu sois à Alcala de Guadaïra pendant la méridienne; je vais t'expliquer pourquoi. Le conspirateur dont nous nous occupons est un homme résolu ; nos espions ont découvert que ses amis lui avaient fait passer des limes, des cordages, tout ce qu'il faut pour exécuter une évasion. M'écoutes-tu bien ?

Le boucher essuya la sueur qui découlait de son front.

— Par mon patron, oui, seigneur, répondit-il ; j'écoute et j'entends. Que voulez-vous que fasse un pauvre artisan comme moi, contre un gentilhomme brave, résolu, habile au maniement des armes, sans doute ?

— Poltron ! toi qui assommes un taureau d'un seul coup ! on te dit que tu auras des aides. Le conspirateur a limé les barreaux de sa cage ; tout est prêt...

— Ne serait-il pas plus simple, demanda naïvement Trasdoblo, de le changer de cellule, et de le mettre nu comme un ver, pour lui enlever les moyens d'essayer une nouvelle tentative ?

Le seigneur oidor fronça le sourcil.

— Tu es plus épais encore que je ne croyais, ami Trasdoblo, gronda-t-il ; la meilleure cellule, il faut que tu le saches, s'appelle une bière ; mets dedans autant de limes que tu voudras, des échelles de soie et même ce levier à l'aide duquel le savant Archimède prétendait ébranler le monde, si la bière renferme un homme bien mort... comprends-tu ? Le vrai motif est celui-ci : tant que cet homme vivra, l'existence de Philippe d'Espagne sera menacée. S'il travaille pour Richelieu ou pour Buckingham, pour don Juan de Portugal ou pour ces marchands de toile des Pays-Bas, on l'ignore, et peu importe. Il nous prête le flanc, nous frappons : quoi de plus naturel ?

Trasdoblo secoua la tête en soupirant.

— Si seulement je n'étais pour rien là dedans, murmura-t-il, je fais serment que je n'y verrais point de mal.

— En un mot comme en mille, continua l'ancien intendant, nous prenons l'occasion aux cheveux. Au moment où le conspirateur, plein d'espoir, atteindra la cour où se trouve ton cellier...

— Mais, objecta le boucher, s'il prend un autre chemin ?

— Il ne prendra pas un autre chemin. Tu t'élanceras hardiment à la tête de tes hommes en criant : Trahison !...

— C'est la nuit, fit observer encore Trasdoblo, que les prisonniers s'évadent.

— Celui-ci s'évadera le jour. La nuit, les chiens basques sont lâchés dans les cours, tandis qu'à l'heure de la sieste tout dort, bêtes et gens. Juge si ce complot était ourdi adroitement !... Aller songer à l'heure de la sieste !...

— Le fait est, dit le boucher, que je n'aurais pas pensé à cela.

— Cela seul peut te faire comprendre combien ce malfaiteur est dangereux ; mais vous serez six contre un et il n'aura point d'armes ; les murs de la cour sont hauts, impossibble qu'il vous échappe !

— Cependant...

— Le cas est bien simple : s'il vous échappe, je te promets, sous tel serment qu'il te plaira, qu'avant la fin de la semaine tu seras brûlé vif sur le parvis de la cathédrale.

A ce moment ils étaient tellement éloignés, que don Ramiro entendait leurs voix comme un double murmure dominé complètement par le bruit des danses, dans l'établissement si fort imposé de maître Galfaros. Ils ne revinrent point cette fois sur leurs pas, Ramire les vit se donner une poignée de main, sans doute en signe de pacte conclu. Pedro Gil tourna l'angle du Sépulcre et s'éloigna rapidement, tandis que le grand Trasdoblo, la tête appuyée sur la poitrine, regagnait à pas lents la rue Impériale.

Ramire était seul de nouveau. Il resta un instant comme accablé, puis une sorte d'éblouissement le prit. Il se demanda s'il n'était pas le jouet d'un rêve.

Ramire était jeune. Il ne connaissait point la vie. Un seul fait pouvait le guider dans les circonstances présentes, c'est que, là-bas, en Estramadure, il avait entendu parler de Pedro Gil comme d'un traître, implacable ennemi des Medina-Celi, ses anciens seigneurs.

Le nom de Pedro Gil lui donnait tout d'un coup le mot de l'énigme, et ce n'était pas cela qui l'embarrassait. Il s'agissait d'assassiner un prisonnier d'Etat à la forteresse d'Alcala de Guadaira, et le chef des assassins était Pedro Gil, dont la victime devait être le duc de Medina-Celi, prisonnier depuis quinze années dans cette même forteresse.

Mais ce Pedro Gil devait agir pour le compte de quelqu'un.

Et toute cette trame se conduisait en dépit de la volonté du roi.

Que faire? Le palais Medina-Celi était là à deux

pas. Fallait-il prévenir la duchesse? Ce n'était qu'une femme, mais c'était une Tolède; le sang des ducs d'Albe coulait dans ses veines; elle était fille du grand Gonzalve Penamacor, le Cid de l'Estramadure; elle était la femme de Herman Perez de Guzman, duc de Medina-Celi, le plus puissant seigneur de l'Andalousie. A sa voix la moitié de Séville se serait soulevée.

D'un autre côté, le roi était à l'Alcazar. Ramire avait eu déjà cette idée : parler au roi.

Mais Ramire était Espagnol et amoureux. Une autre pensée devait germer dans l'exaltation de son cerveau : sauver le duc tout seul, comme le bon roi Pélage, dit-on, gagnait les batailles.

Quel rêve pour un héros de vingt ans! La main de Ramire pressa involontairement son épée et il se dit dans le confiant orgueil de sa vaillance :

— Je ne veux pas d'aide, j'ai mon amour et mon épée.

Sa taille élégante et robuste à la fois se redressa au choc de cet immense espoir. Tout son être frémissait de désir : il aurait déjà voulu voir son épée flamboyer devant ces six rapières ennemies.

Aucun renseignement ne lui manquait : il savait le lieu, l'heure, la forme que prendrait le guet-apens, le nombre des assassins. La seule difficulté qui se présentât, c'était la hauteur de ces murailles dont on avait parlé; mais en ce moment, Ramire avait des ailes. Il n'y avait point, à son sens, de murailles assez hautes pour arrêter son élan vainqueur.

Pour ne point échapper aux bonnes habitudes de sa nation, il dut bien adresser en ce moment quelque lyrique prosopopée au balcon de sa maitresse, au sommeil de l'innocence, aux parfums célestes de cette chambre où respirait son idole; il dut même composer quelques vers, propres à être chantés sur la guitare, où les yeux d'Isabel étaient expressément comparés aux étoiles du firmament. C'est le terroir. Mais nous passerons ces tendres chansons sous silence, pour dire que le calme vint, le calme qui suit toute vigoureuse résolution. Ramire se mit froidement en face de son audacieuse entreprise : il en combina les moyens, il en pesa le fort et le faible.

Après comme avant la réflexion, Ramire se dit :
— Je ne veux pas d'aide !

Il se roula dans son manteau, la tête appuyée contre son pilier, le regard tourné vers cette croisée qui était pour lui la porte du ciel. Ce n'était pas la première fois que notre Ramire dormait à la belle étoile. A force de regarder cette bienheureuse jalousie, ses yeux battirent, puis se fermèrent. Il avait du temps de reste jusqu'à l'heure de la sieste.

Quand le visiteur de nuit revint, au son des horloges, frapper aux carreaux du seigneur Galfaros pour lever l'impôt du plaisir, il ne vit point cette masse sombre, faisant corps avec le sombre pilastre. Il passa, jetant aux échos endormis son cri paisible et monotone.

Ramire était déjà dans le beau pays des songes. Il voyait Isabel qui pleurait et qui souriait sur le sein de son père.

Les heures de nuit cependant s'écoulaient.

L'aube vint nuancer peu à peu les objets environnants, comme ces premiers fils d'argent qui éclairent trop tôt l'ébène des noires chevelures.

Les étoiles pâlirent au zénith. Le dôme de Saint-Ildefonse eut un instant ces teintes fondues de la nacre de perle, où le gris, le rose et le violet se mêlent, se glacent et changent sous le regard surpris. La girouette dorée brilla faiblement. Puis les lignes orientales de la maison de Pilate sortirent du noir, montrant successivement toutes les bizarres grandeurs de cette architecture transplantée des saints lieux par le fameux aïeul des Medina, don Alonzo Perez de Guzman, premier marquis de Tarifa.

C'était bien la maison de Pilate telle que le pieux et vaillant marquis l'avait vue à Jérusalem, lors de son pèlerinage. En face, et toujours sur ses terres, il avait fait construire une autre maison pour son fils aîné. Au fond de la première cour se trouvait une reproduction du Saint-Sépulcre. La branche de Medina-Celi avait été proscrite et dépossédée, au profit de Médina-Sidonia, sous Philippe Ier. La maison du Sépulcre, tombée en des mains étrangères, subissait cet incroyable destin de servir à une industrie difficile à préciser dans nos mœurs françaises : ceci à quelque cent pas des bureaux du saint office, si chatouilleux d'ordinaire pour tout ce qui, de près ou de loin, touchait à la religion.

La clôture mauresque datait de la domination arabe. La maison du Sépulcre avait été bâtie sur l'emplacement des bains du sérail d'Aben-Maleh.

La place de Jérusalem devait son nom à ces

deux fondations du marquis de Tarifa, la maison de Pilate et le Sépulcre.

Notre beau Ramiro dormait encore, quand le premier rayon du soleil fit éclater les aigrettes écarlates qui s'élançaient des massifs de cactus sur la terrasse du palais de Medina-Celi. La place était toujours déserte. L'établissement de maître Galfaros ne chantait plus. Saint-Ildefonse, étalant au bout de la place ses rotondités de mosquée, n'avait point encore tinté le premier appel de ses cloches, bien que ce fût le matin d'un dimanche.

Au moment où le campanile doré de la vieille basilique, après avoir grondé sourdement, commençait à sonner cinq heures, des bruits confus se firent entendre dans la rue des Caballerizas. C'étaient des voix joyeuses, dominant des pas de chevaux et des roulements de charrettes. Bientôt s'établit au travers de la place le passage d'une véritable caravane. Les paysans de la campagne de Séville avaient profité de l'ouverture des portes et conduisaient leurs denrées au marché.

C'étaient des légumes de toutes sortes entassés dans des haquets ou portés à dos d'homme, de hautes pyramides de pastèques, de grenades, d'oranges et de limons, des fruits vermeils, des raisins gros comme ceux de la Terre promise, des dattes de la frontière africaine, des bananes et des pommes d'amour.

Les chevaux et les mules avaient leur carapaçons de fête ; les hommes et les femmes portaient leur toilette des grands jours. Plus d'un majo coquet donnait le bras à sa maja endimanchée ;

quelques couples dansaient la manchega le long du chemin.

En même temps, non plus d'un seul point, mais de toutes les rues avoisinantes, d'autres groupes débouchaient. Il n'est à Séville pour se lever matin que les paysans et les gueux. Les gueux se montraient aussi empressés que les paysans.

On les voyait se glisser prestement le long des maisons et courir vers l'église, où ils retenaient leurs places des deux côtés du perron.

A peine prenaient-ils le temps de tendre la main en passant aux marchands de fruits et de légumes, qui se gardaient bien pourtant de refuser la *caridad* afin d'avoir bonne chance au marché.

Pendant un quart d'heure environ, ce fut sur la place de Jérusalem un bruit, une animation, une cohue. Don Ramiro ne s'éveillait point. Son rêve était obstiné. Villageois et villageoises lançaient au dormeur force quolibets ; rien n'y faisait. La fatigue de Ramiro tenait bon contre toutes ces espiègleries.

Au perron de l'église, il y avait des cris et des horions. La confrérie des gueux d'Andalousie était régie, depuis « le grand Gafedado » qui florissait sous Philippe III, par des lois très sévères. Mais à quelle société les lois ont-elles jamais manqué ? Les Institutes du « grand lépreux » avaient le sort de celles qui ont fait la gloire de l'empereur Justinien. On les prisait fort, on ne les exécutait point. Les gueux du bon temps se plaignaient amèrement de cette décadence : on les traitait de barbons, et tout était dit.

Seule au monde, cette vertueuse république de Lacédémone sut allier la filouterie organisée au saint respect des vieillards.

Là-bas, vis-à-vis du portail clos de l'antique mosquée, toutes les infirmités humaines étaient aux prises. Manchots, boiteux, culs-de-jatte, paralytiques, aveugles, etc., se disputaient les meilleures places aux degrés du perron. Si le *Grand Lépreux*, du haut de l'empyrée, voyait en ce moment les discordes intestines de sa famille, il devait être fort humilié de ce spectacle. Ce n'était entre confrères qu'injures et bourrades. Les manchots frappaient des deux mains, les boiteux lançaient de sincères coups de pied, les paralytiques couraient en brandissant leurs béquilles. Il y avait un grand coquin pourvu de trois ulcères à vif, deux sur une jambe, un sur l'autre, qui ruait comme un cabri enragé.

Les gens du marché regardaient cela, riaient et passaient. En Espagne, on ne s'indigne point des ruses de la mendicité. Il faut que tout le monde vive.

Quand la dernière voiture de légumes tourna l'angle du parvis, nos gueux étaient à peu près installés. On ne se disputait plus qu'entre retardataires du second rang. La passion ne s'en mêlait plus. Chacun s'occupait déjà de réparer le désordre de sa toilette : vous eussiez dit des comédiens en loge. Ceux qui avaient le bonheur de s'échelonner sur les degrés du perron donnaient une décente tournure à leurs haillons, et se frottaient le visage de safran pour simuler la pâleur maladive ; d'autres mettaient une couche d'ocre rouge à leurs ulcères ; d'autres resserraient les courroies qui forçaient leurs bras ou leurs jambes à prendre des directions contre nature.

Il y avait une raison ici pour que la guerre civile fût promptement apaisée. Saint-Ildefonse était du nombre des églises interdites aux femmes. On sait que les femmes dans les bagarres, ne jouent le rôle de Sabines que par exception formelle.

Ce serait assurément, au théâtre, une chose effrayante et burlesque à la fois qu'un lever de rideau représentant le porron d'une église andalouse vers la fin du xvii° siècle. Beaucoup d'écrivains ont dessiné ce tableau, mais quiconque tient une plume est taxé d'exagération. Le crayon vigoureux de Callot lui-même inspire plus de curiosité que de confiance. Ce qu'on ne voit plus, pour la majorité des hommes, n'a jamais existé.

On crierait, selon toute probabilité, à l'invraisemblance, si quelque impresario audacieux présentait au public cette pochade effrontée. On prononcerait le fameux anathème : *c'est forcé!* De par décision sans appel du parterre éclairé, la chose serait déclarée malséante, controuvée, impossible.

Malséante, je ne dis pas non ; mais impossible ! Le pinceau et la plume nous ont laissé des témoignages irrécusables. Notre immortel Lesage a gazé la rudesse des descriptions espagnoles. Non seulement il n'a rien exagéré, mais encore il est resté bien au-dessous de la vérité.

Nous pensons qu'il a fait sagement en ceci, et

nous n'essayerons point de reproduire au naturel l'amas d'immondices vivantes, la cascade de plaies, la cohue de misères fantastiques et terribles qui grouillaient sur les degrés de Saint-Ildefonse. L'intérêt de notre récit est ailleurs. Nous dirons seulement au lecteur : Une fois au seuil de ce sujet, si bizarres que soient vos imaginations, si fou que devienne votre cauchemar, ne craignez rien, allez toujours, vous ne risquez point d'inventer une grimace, une contorsion, une gangrène, une agonie. Les gueux andalous avaient atteint les extrêmes limites du possible. C'étaient les virtuoses de la mendicité. Après eux il faut tirer l'échelle.

On avait encore une heure à attendre jusqu'à l'ouverture des portes pour l'office du matin. Quelques-uns s'arrangèrent pour dormir; d'autres entamèrent l'entretien. Si vous avez jamais assisté à ces queues qui s'établissent de nuit à la porte de certaines banques célèbres, à la veille d'une grande souscription d'actions, vous pouvez vous faire une idée de la tranquillité soudaine qui succédait à la récente agitation. Là-dedans tout est logique. On se bat tant qu'il y a quelque avantage à conquérir; mais, dès que les rangs sont légalement fixés, la paix est faite.

— Escaramujo, mon fils, dit un vieillard à barbe vénérable, dont les regards fixes et ternes jouaient la cécité à s'y méprendre, ton manteau est trop neuf, et l'on voit percer le col de ta chemise : ce sont là de mauvaises façons. Ton père était mon ami, je te dois mes conseils.

— Je reçois vos conseils avec tout le respect

qui vous est dû, Gabacho, notre ancien, répondit un jeune homme maigre et haut sur jambes, qui s'était coupé le bras en le fourrant sous le corps de sa veste ; mais vous appartenez à une école un peu surannée ; vos méthodes ont vieilli ; nous autres, nous sommes les gueux de l'avenir !

Il se drapa dans son manteau, que le vénérable Gabacho trouvait trop neuf, et qui était une honteuse guenille.

La partie la plus jeune de l'assemblée fit entendre un murmure approbateur.

— Je suis de l'école du grand lépreux, notre père et notre seigneur, répliqua le vieux Gabacho, non sans émotion ; je suis de l'école qui fit la gloire et le profit de notre confrérie. Avec nos méthodes que vous appelez surannées, vous autres freluquets, prétendus novateurs, j'ai vu le temps où je rapportais chaque soir quatre ou cinq écus à ma Brigida. En faites-vous autant, Caparrosa, Domingo, Palabras, Raspadillo, et toi-même, Escaramujo ? Je vous le demande.

Caparrosa était bien plus faraud encore que le bel Escaramujo. Il portait un justaucorps de soldat de couleur bleue, raccommodé avec de larges pièces de toile jaune. Il avait des bottes à retroussis ressemelées de vieux linge, et un sombrero sans fond dont les bords étaient presque tout neufs.

Il était de la classe des gueux sans infirmité apparente : il faisait le poitrinaire avec succès. Domingo était mulâtre. Il portait à la poitrine un chapelet de quinze cicatrices faites par la main barbare d'un commandeur. C'était une victime des blancs.

Palabras, ou mieux don Manoël, était un gentilhomme. Comme d'autres mendiants ont un violon ou une serinette, il avait l'histoire de sa noble famille pour exciter la pitié des passants.

Escaramujo n'avait pas son pareil pour tirer l'écume de ses gencives et simuler d'affreuses attaques d'épilepsie.

Raspadillo, muet de naissance, avait pour industrie de montrer aux âmes charitables sa bouche démesurément ouverte en poussant des cris inarticulés.

Caparrosa, Domingo, Palabras, Raspadillo, Escaramujo sourirent avec suffisance et promenèrent leurs regards vaniteux sur la foule des estropiés, des ulcéreux, des déformés de tout genre qui les entouraient.

— Quel est notre but? demanda le vieux Gabacho; exciter la compassion, n'est ce pas?

— Sans doute, sans doute, répliqua Escaramujo, qui passa sa main souillée dans ses cheveux plats et gras, mais s'il se joint à la pitié un sentiment plus tendre, quel mal voyez-vous à cela?

Tous les vieux éclatèrent de rire. Caparrosa mit son chapeau sans fond de travers; Domingo prit un air terrible, et Raspadillo, le muet, prononça d'une voix claire :

— Je conçois qu'à votre âge, avec vos traditions usées et vos habitudes un peu repoussantes, vous ne comptiez que sur la pitié, ô mes respectés compagnons; mais nous, pourquoi vouloir que nous mettions de côté les avantages dont la nature nous a doués? S'il passe une jeune senora, elle se détournera de vous pour admirer dans ma bouche ouverte l'ivoire de mes trente-deux dents.

— Ou le musculeux relief de ma poitrine, ajouta Domingo.

— Ou la dignité de ma tournure, déclama Palabras. Combien de fois duègnes et jolies dames ont murmuré à mon aspect : Ce don Manoël ne peut pas perdre ses grands airs d'hidalgo !

Caparrosa fit un geste de la main pour réclamer le silence.

— A quoi bon se vanter soi-même ? dit-il. Je ne parlerai ni de mes avantages personnels, ni de mes talents. Je suis le plus habile, cela me suffit. Cessez vos reproches, croyez-moi. Nous vous abandonnons vos plaies et tout l'attirail humiliant de vos infirmités. Ce n'est pas absolument mauvais, mais cela vieillit. Nommez-moi une chose qui soit éternelle ici-bas. L'école nouvelle, sans repousser systématiquement les anciens moyens, apporte à la confrérie des améliorations, des perfectionnements. Nous savons bien qu'aucune vérité ne conquiert à son début le droit de bourgeoisie ; mais le temps, Dieu merci, sanctionne toutes les grandes découvertes. J'en appelle au temps et à la justice de nos neveux !

Il dit, et drapa avec grâce, autour de ses épaules déguenillées, les lamentables loques de son manteau. La vieille école possédait peu d'adorateurs. Mazapan, le paralytique ; Gengibre, voué à l'ulcère banal et rudimentaire ; Jabato, estropié du bras droit et de la jambe gauche, tous ceux en un mot, qui se cramponnaient à l'enfance de l'art, protestèrent par leurs murmures.

Gabacho, vaincu dans cette lutte d'éloquence, s'écria :

— Nous verrons si le saint Esteban d'Antequerre souffre cela.

— S'il ne le souffre pas !... commença Caparrosa d'un ton provoquant.

— O mes amis ! interrompit un très beau gueux à longue barbe blanche, au lieu de vous quereller, écoutez les avis de ma sage expérience.

Celui-ci était le modérateur, le trait d'union entre les écoles rivales. Par son âge, il appartenait à la jeune gueuserie, par le rôle qu'il avait adopté, il faisait partie des anciens. Il avait une trentaine d'années ; il était centenaire de son état. Il avait su se donner avec un tact admirable toute la physionomie d'un patriarche courbé sous le poids de ses jours.

— Dans tous les pays, continua-t-il sans rire, on a coutume de respecter la vieillesse. Quand j'étais jeune, je vous le dis, les hommes étaient meilleurs, et les cordons de leur bourse se lâchaient pour un oui ou pour un non. Le métier se perd, vous le savez aussi bien que moi ; notre art est en décadence, et, au lieu des quatre ou cinq écus dont parlait tout à l'heure notre frère Gabacho, nous avons bien de la peine à rapporter chaque soir dans nos familles quelques misérables cuartos. On a prononcé devant vous le nom du saint Esteban d'Antequerre, illustre dans toutes les Espagnes. Ce personnage très éminent a bien voulu consentir à devenir notre roi, en remplacement du saint Ignaz Mendez, notre dernier chef. Dieu soit loué ! mais qu'il ne trouve point notre confrérie rongée par des dissensions intestines ! Mère du Sauveur ! ne sommes-nous pas assez persécutés par les païens ? Ne savez-vous point que ce mécréant de premier ministre veut chasser de Séville tous les mendiants avec ou sans besace, tous les pèlerins à bourdon et à coquille, tous les vagabonds, pour employer ses expressions méprisantes et maudites? Ne savez vous pas cela?

Un grand murmure suivit ces paroles.

— De quoi se mêle-t-il ? gronda Escaramujo.

— A-t-il deux cœurs, dont un dans sa cassette ?

— A-t-il la peau doublée d'acier ?

— S'attaquer à un corps constitué depuis trois cents ans !

— Avec licence du saint-office, de l'hermandad et de la couronne !

La couronne était placée la dernière. Ces gueux ne manquaient pas de flair politique.

— O mes chers amis ! reprit le centenaire Picaros, vertueux et prudent comme Nestor, ce premier ministre ne manque pas d'audace. Pour résister aux tentatives séditieuses qu'il médite contre nos privilèges et fueros, il faut un roi fort à la tête d'un peuple uni. On dit que le saint Estaban est une bonne tête ; beaucoup d'entre vous doivent le connaître.

— Moi ! fit le vieux Gabacho, je l'ai vu tout jeune mendier en la ville de Medina-Sidonia, vers le temps où je devins l'époux de ma Brigida. Toutes les escarcelles s'ouvraient à sa voix déchirante.

— Moi ! fit aussi Caparrosa, chef de la jeune école ; il est bel homme et plaît aux dames.

— Il faisait le soldat invalide à Cadix en 38, ajouta Mazapan, le paralytique ; si vous l'aviez entendu raconter ses campagnes de Flandres !

— A San Lucar, en 39, reprit Domingo, je fus obligé de quitter la ville, parce que le superbe Estaban portait, comme moi, la casaque du matelot. Il fallait ouïr ses voyages, ses tempêtes et ses traverses dans le pays des cannibales !

D'autres parlèrent encore, et ce fut un concert unanime de louanges. Ceux-ci l'avaient connu, estropié des deux jambes par suite du grand incendie de Grenade en 1633 ; ceux-là lui avaient vu le poignet droit coupé par la barbarie des Maures de Tanger ; tous avaient ouï parler de quelque miracle accompli par lui dans la gaie science de la gueuserie ; tous avouaient avec enthousiasme sa glorieuse supériorité. Il n'y avait de différence qu'entre les appréciations concernant sa personne physique. La plupart de ceux qui l'avaient vu n'étaient point d'accord entre eux : les uns l'avaient vu vieillard, les autres, jeune homme. Espadillo le voulait petit, Domingo affirmait qu'il était de très haute taille, Gabacho le représentait fluet, Caparrosa soutenait qu'il possédait une fort honorable corpulence.

— O mes amis ! conclut le centenaire Picaros avec sa sagesse ordinaire, c'est qu'il joint à ses autres talents l'art d'un grime tout à fait supérieur. Moi aussi, je le connais. Que n'est-il parmi nous pour calmer nos inquiétudes et nos terreurs ! Nous l'attendions hier ; il n'est point venu. Dieu veuille que la journée qui commence ne s'achève point sans que nous fêtions son heureuse arrivée !

Pendant que ces graves paroles étaient échangées entre pères conscrits dans l'assemblée des gueux, la jeunesse moins prévoyante, méprisant les positions sédentaires occupées par les anciens échelonnés sur le perron de Saint-Ildefonse, la jeunesse pelotait en attendant partie. Maravedi, le gamin rachitique, jouait aux billes avec Plizon, l'encéphale, dont la tête se grossissait de trois livres d'étoupe ; Barbilla, l'innocent, sautait le mouton en compagnie du jeune Conejo, qui savait déjà tomber du haut mal. Quelques adolescents remuaient les dés sur le pavé ; d'autres enfants, plus petits, roulaient joyeusement leurs haillons dans la poussière.

Il arriva que Maravedi aperçut don Ramire enveloppé dans son manteau et dormant au pied de son pilier. A cet âge le sommeil est bon, si dur que soit le lit où l'on repose, si inquiétantes aussi que puissent être les préoccupations de l'esprit. Don Ramire avait gardé sa position première. Sa face était tournée vers le balcon d'Isabel, qui sans doute avait eu son dernier regard.

Son manteau seulement s'était dérangé et découvrait entièrement son visage. Il souriait à quelque rêve. C'était une bonne et belle figure, très franche, un peu naïve même, et dont les traits, déjà mâles, gardaient je ne sais quelle arrière-nuance de douceur enfantine.

Maravedi lâcha ses billes et se coula le long de l'arcade mauresque. Il vint jusqu'au pilier dont la base servait d'oreiller au dormeur.

— Holà ! cria-t-il, voici un gentilhomme qui va étrenner notre matinée !

En un clin d'œil, deux douzaines de gueux furent sur pied.

— Les places tiennent-elles ? fut-il demandé.

— Les places tiennent.

C'était un contrat. Les heureux qui étaient aux premières stalles laissèrent une croûte de pain, un lambeau de n'importe quoi, pour témoigner de leur possession, et l'assemblée suivant la jeunesse longea clopin-clopant la maison du Sépulcre.

— Un gentilhomme, cela ! s'écria Palabras avec mépris.

— Un mendiant plutôt, dit Gabacho en arrivant auprès de Ramire.

— Son manteau ne vaut pas trois pecetas, mes amis ! fit Picaros Nestor, qui toucha l'étoffe en connaisseur.

— Quelle tenue ! ajouta le fier Caparrosa.

Et le galant Escaramujo :

— Celui-là ne nous fera pas de tort auprès des senoras de Séville.

— Et cependant, fit observer Raspadillo, toujours aimable, bienveillant et coquet, si vous donniez un coup de fer à ces cheveux, un coup de brosse à ce pourpoint, il ne serait pas mal, ce jeune pataud d'Aragonais !

Tous les Espagnols ont la marotte de reconnaître à la simple vue la provenance exacte d'un compatriote.

— Il est trop grand pour un Aragonais, décida Gabacho ; c'est un Galicien.

— C'est un Castillan du haut en bas !

— Il n'est pas assez maigre pour un Castillan,

riposta Escaramujo ; voyez son col ; il est trop blanc ; c'est un Basque.

— Il est trop découplé pour un Basque, c'est un Catalan.

— Un Portugais plutôt !

— Allons donc ! trancha Caparrosa, ne reconnaissez-vous pas le Murcien à ce nez droit, à cette bouche !...

— O mes amis ! je pencherais à croire que ce jeune aventurier est un Léonais, s'il n'a pas cependant reçu le jour dans la Navarre.

Ainsi parla le centenaire Picaros. Maravedi s'écria :

— Il faut savoir cela et lui épousseter les reins avec nos gaules, s'il vient pour nous faire concurrence.

Le manteau de Ramire cachait son épée. Nos gueux, se voyant cinquante contre un, étaient animés d'un courage extraordinaire : ils se sentaient d'humeur plaisante ce matin. Ce ne fut qu'un cri :

— Éveillons le drôle ! éveillons-le !

Ramire s'agita légèrement dans son sommeil, et nos gueux de rire :

— Une paille ! dit Escaramujo. Maravedi, chatouille-lui l'oreille.

Maravedi, Plizon, Conejo, Barbilla et les autres gueusillons se mirent aussitôt à ramasser sur le pavé les brins de paille tombés des charrettes. Ils revinrent tous ensemble armés de longues tiges, et entourèrent le dormeur. On faisait silence. Maravedi s'empara d'une oreille, Barbilla prit l'autre, Plizon et Cornejo, présentant leur fétus

4

aux narines de Ramire, commencèrent à le chatouiller doucement.

En conscience, ce jeu eût été plus sûr avec l'honnête Bobazon endormi là-bas, sous la voûte, près de la fontaine.

Ramire eut deux ou trois petites convulsions qui réjouirent fort la galerie; puis s'éveillant tout à coup, il ouvrit les yeux et bondit sur ses pieds comme un ressort qui se détend.

Les gueux reculèrent au seul éclair de ses yeux. Le regard du *jeune drôle*, comme ils l'appelaient, leur ôtait toute envie de savoir s'il était de Galice, de Navarre ou bien d'ailleurs.

Dans ce premier moment de trouble, Ramire porta la main à son épée. Aussitôt tous les chapeaux furent tendus, tous les corps se contournèrent, chacun était à son rôle.

Ramire se vit entouré d'un cercle de boiteux, de manchots, d'aveugles et de paralytiques. Les enfants eux-mêmes étaient chargés d'effrayantes infirmités.

Et tout ce peuple d'invalides entonna en chœur une lamentable plainte.

— Seigneur cavalier, ayez pitié d'un malheureux privé de la vue! disait Gabacho.

— La charité! criaient Mazapan et Gengibre.

Le muet Raspadillo ouvrait une énorme bouche d'où sortaient des sons inhumains.

Caparrosa toussait à l'écart, tenant à deux mains sa poitrine déchirée.

Domingo gémissait en langage créole.

Escaramujo écumait et grinçait sur le pavé.

— O mon noble ami, chantait Picaros, donnez

un morceau de pain à celui que la colère de Dieu tient trop longtemps en captivité sur la terre. J'ai connu peut-être le père de votre aïeul; secourez mon grand âge : hier, j'entamai par la prière et le jeûne ma cent treizième année.

Il était courbé, maintenant, ce Nestor; sa barbe blanche balayait son nombril; ses pauvres jambes tremblotaient. Vous eussiez été tenté de dire en le voyant : Ce bon père paraît encore plus que son âge.

Gabacho racontait comment il avait perdu la vue par le feu du ciel; Jabado, en équilibre sur sa bonne jambe, montrait, de la main gauche, la balle hollandaise qui lui avait enlevé le bras droit. Don Manoël Palabras récitait le poème des malheurs de sa famille; Maravedi, contourné en Z; Plizon, tenant à deux mains sa tête monstrueuse; Barbilla, riant son rire idiot; Cornejo, sautant comme une carpe et singeant les convulsions de la danse de Saint-Gui, poussaient d'affreux glapissements.

— Seigneur cavalier, pitié pour une misérable créature !

— Paralytique depuis quatorze ans, seigneur cavalier !

— Cent treize ans d'âge, ô mon très noble ami !

Et des cris et des sanglots, et des plaintes qui poignaient le cœur.

Au lieu de dégainer, Ramire se boucha les oreilles.

Puis, ayant détaillé du regard toutes les épouvantables détresses qui grouillaient autour de lui, il prit sous son pourpoint un boursicot de cuir, hélas! plat comme un gâteau de maïs grenadin, et dit avec une sincère compassion :

— Par saint Jacques, patron de mon vénéré père, je suis pauvre comme Job, mais en voici qui ont l'air encore plus pauvres que moi! Mes camarades, je ne peux pas vous guérir de vos infirmités, mais j'ai quatre pistoles d'or dans ma bourse, et je les partagerai avec vous.

IV

LE PARVIS DE SAINT-ILDEFONSE

Dans les classes les plus avilies, il reste toujours un atome de sens moral. Si petit qu'il soit, et engourdi que vous le vouliez supposer, cet atome peut être mis en mouvement au choc de certaines émotions. Le cœur des bandits vibre pour le courage; l'âme d'un mendiant émérite peut tressaillir au contact de la générosité.

Ne vous étonnez pas trop : ils en vivent.

Nos gueux de Séville n'avaient absolument rien espéré de ce pauvre beau garçon, dont le costume n'annonçait rien moins que l'opulence. Ils l'avaient pris d'abord pour un homme qu'on pouvait berner impunément; puis, désabusés tout à coup par le clair et vaillant regard qui avait jailli comme un feu de sa paupière ouverte, ils s'étaient attendus à une grêle de coups de plat d'épée.

La comédie qu'ils venaient de jouer n'avait qu'un but : se garer du châtiment mérité. Chaque animal poltron se sert instinctivement des armes qui sont à son usage : le lièvre court, le porc-épic hérisse ses dards, le bélier tend ses cornes, le putois lâche, en prenant la fuite, ce gaz asphyxiant que la nature lui a donné en guise de bouclier. Nos gueux faisaient comme le putois, comme le lièvre et comme le hérisson : ils se défendaient. Ce concert de lamentables antiennes est l'arme des gueux.

Quand ils virent le jeune étranger entr'ouvrir son pourpoint trop mûr et tirer cette pauvre escarcelle efflanquée, je vous le dis, ils eurent honte et remords. Pour la première fois, les trois quarts d'entre eux eurent la velléité de refuser l'aubaine. Tous ensemble, ils cessèrent leurs cris et se mirent à s'entre-regarder d'un air sournois.

Ramire tendait ses deux pièces d'or.

Personne n'avançait pour les prendre.

— Eh bien! dit-il en souriant, avez-vous peur de moi, mes pauvres gens?

Personne encore ne bougea.

Le rouge monta au front de Ramire.

— Tête-bleu! gronda-t-il, pris tout à coup par un soupçon; est-ce mon habit? Les coquins auraient-ils compassion de moi? Prenez, mes drôles, prenez vite, ou gare à vous !

Ses sourcils étaient froncés. Il y avait une menace si naïve dans sa prunelle allumée, qu'un mouvement de recul se fit parmi les gueux. Seul, Picaros, à qui son âge avancé donnait un aplomb considérable, avança d'un pas et tendit sa main dont la couleur ne se peut dire.

— O mon illustre et sensible enfant, prononça

4.

ce Nestor des mendiants andalous, ne vous méprenez point sur le sentiment qui nous anime. Nous sommes surpris de tant de magnanimité, voilà tout. Les riches habitants de cette capitale ne nous ont point habitués à tant de munificence. Si vous êtes un prince déguisé, nous saurons respecter votre incognito.

Ramire secoua la tête en souriant.

— O mon cher et illustre bienfaiteur, reprit Picaros, si vous n'êtes pas un prince, il faut s'en prendre uniquement au hasard de la naissance ; vous méritiez de l'être. Loin de refuser vos dons, nous garderons vos pistoles comme des reliques...

— Ah çà ! demanda aussitôt Ramire, si vous parlez de mettre ainsi des écus sous cloche, vous ne mourez donc pas de faim ?

Pour d'autres, la question aurait pu être embarrassante ; mais Picaros leva en l'air son vieux sombrero battu par la tempête, et agita ses bras en criant :

— Vive le très illustre étranger !

Aussitôt le ciel fut obscurci par les débris de chapeaux qui voltigèrent en tourbillonnant, et cinquante voix répétèrent en chœur :

— Vive le très illustre étranger !

Après quoi, les gueux se retirèrent à reculons, saluant de trois pas en trois pas avec un très remarquable ensemble.

Parmi les saluts qui furent prodigués à cette occasion, il faut citer ceux de la nouvelle école. Tandis que Gabacho et les vieux élèves du *Grand Lépreux* dessinaient des révérences un peu surannées, Escaramujo, Raspadillo, Palabras, Caparrosa, s'inclinaient chacun selon sa fantaisie, en novateurs hardis qu'ils étaient, et le mulâtre Domingo, levant ses deux indicateurs à la hauteur de ses oreilles, tournait sur lui-même en vrai Congo qu'était son père.

Le premier son de cloche appelant les fidèles à l'office du matin ébranla le vieux clocher de Saint-Ildefonse. Comme si elles eussent répondu à cette voix, deux ou trois servantes andalouses, court-vêtues et cachant à demi leurs formes rebondies sous la pèlerine de dentelle, sortirent de la maison du Sépulcre, dont toutes les portes étaient restées closes jusqu'alors. Leurs cheveux abondants étaient emprisonnés dans la résille de soie, et toutes les trois portaient sur l'oreille une cocarde rouge en l'honneur du comte-duc, que le seigneur Galfaros, leur maître, plaçait en tête de ses puissants protecteurs.

Elles apportèrent de petites tables rondes qu'elles dressèrent sur pliants le long de l'arcade mauresque, et des escabelles montées sur un seul pied, dont la tige était terminée par un lourd triangle de bois massif.

Elles étaient accortes et toutes frétillantes, ces jolies filles, malgré leurs yeux gros de sommeil.

Les gueux regagnaient leur poste. On entendait jouer les barres de fer qui appuyaient à l'intérieur la grande porte de l'église. Quelques jalousies se relevaient çà et là aux façades des logis voisins, mais tout semblait dormir encore dans la maison de Pilate.

Ramire jeta un regard de ce côté, au lieu de répondre aux œillades agaçantes des trois Andalousos, qui s'étaient fait part déjà de cette observation que ce beau cavalier n'avait pas l'air de cacher dans ses poches tous les trésors du Nouveau-Monde. D'instinct, Ramire avait drapé son manteau et redressé sa taille gracieuse. Ce fut peine perdue. Rien ne se mouvait derrière la jalousie toujours baissée d'Isabel.

Ramire sentait son estomac. Les Andalouses lui avaient déjà demandé d'un air engageant et flatteur s'il ne lui fallait point à déjeuner. Avant de prendre son repas, il pensa qu'il était bon de faire un peu de toilette, car de minute en minute cette chère jalousie pouvait se relever.

Ramire gagna la voûte sous laquelle les ronflements de Bobazon faisaient l'effet d'un orgue. Les chevaux n'avaient pas bougé. Bobazon n'avait fait qu'un somme. Il ne s'éveilla qu'au troisième coup de pied de son maître.

— Oh! oh! dit-il en se frottant les yeux, les nuits sont courtes en ce pays. J'ai idée que je casserais bien une croûte, seigneur Mendoze.

Ramire lui mit la bride des deux chevaux dans la main, et le mena par le bras jusqu'à l'entrée de la rue.

— Vois-tu cette enseigne? lui demanda-t-il.

— Une tête sur un plat, commença Bobazon; ils donnent à manger là-dedans?

— Saint-Jean-Baptiste! c'est une hôtellerie. Voilà douze réaux pour notre déjeuner à tous les trois. A quelque heure du jour que je me présente, il faut que je trouve mon cheval prêt.

Jusqu'à ce moment, la singulière représentation qu'il avait eue à son réveil laissait un peu de trouble dans ses idées. Cependant le souvenir de ce mystérieux entretien qu'il avait entendu cette nuit sous l'arcade mauresque lui revenait peu à peu. Il reprenait conscience de l'aventure qu'il avait résolu de tenter.

— Et votre Seigneurie ne vient pas avec moi ? demanda Bobazon.

— A tes chevaux, et attends !

Telle fut la réponse de don Ramire, qui parlait ferme quand il voulait, malgré son vieux manteau et son justaucorps à l'ancienne mode.

Bobazon s'éloigna. Il tenait réellement plus au déjeuner qu'à la compagnie de son jeune maître.

Ramire revint vers la fontaine et s'y baigna le visage. Il fit ses ablutions de son mieux, brossa son pourpoint et ses chausses tant bien que mal, nettoya ses bottes, secoua son manteau et lustra son feutre en ayant soin de disposer la branche de myrte de façon à cacher les principales injures du temps. Ensuite il rejeta en arrière à l'aide de ses dix doigts, ce peigne qui ne manque à personne, la magnifique abondance de ses cheveux noirs comme le jais.

Cela fait, il se mira un peu dans la fontaine et rougit légèrement, parce qu'il n'avait pu s'empêcher de sourire à la fière beauté du visage que la clarté de l'eau lui renvoyait.

Sa toilette était achevée, son manteau bouclé, son feutre à sa place.

— Holà ! mes belles ; s'écria-t-il en revenant vers les tables, me voici prêt à déjeuner.

Il préférait cet endroit à l'hôtellerie de Saint-Jean-Baptiste, à cause de cette bienheureuse fenêtre dont la jalousie montrait, juste en face de lui, ses planchettes toujours immobiles.

— Qu'elle reste ou qu'elle sorte, se disait-il, je la verrai. Sa vue seule m'inspirera ce que je dois faire.

— Que faut-il servir au seigneur cavalier? demandèrent les servantes andalouses, qui étaient accourues toutes les trois à la fois.

Elles appuyaient leurs mains sur la table et penchaient leurs souriants visages autour du sien.

— La première chose venue, répondit Ramire.

— Qu'entend Sa Seigneurie par la première chose venue? Un pâté de France? Une belette musquée au mostillo?

Dolorès montra ses belles dents blanches pour respirer; Mariquita l'interrompit:

— Sa Seigneurie n'a pas l'air d'un juif, oh! non! dit-elle; lui servira-t-on la dentelle de jambon de Minorque?

— Les lombes de chevreau à la comte-duc? ajouta Juana, la troisième servante.

Et toutes ensemble:

— Des œufs neigés aux mille fleurs, plutôt? Un pot-pourri de petits pieds? du cuescos de Tanger?

— Une soupe à la bière, reprit Dolorès, si Sa Seigneurie vient de Flandre?

— Du caviar, si le cavalier vient de Hollande?

— Des goujons du Guadalquivir? des becfigues à la Moncada? du thon confit dans le madère? des cèpes de Xérès?

— Mes belles filles, interrompit Ramire, un peu déconcerté, mais souriant à tous ces sourires, avez-vous du pain frais, du petit vin d'Estramadure et une tranche de fromage rouge de la Granja ?

Elles ne se moquèrent point. Il était trop beau, trop jeune, trop fier. Elles disparurent comme un essaim qui s'envole, après lui avoir décoché trois œillades.

Sans cette riche taille, si fier et si bien campée, sans ce regard de feu, sans cette chevelure de soie dont les anneaux mouillés jouaient sur ces mâles épaules, comme elles auraient raillé, les rieuses et les folles, le petit vin d'Estramadure et le fromage rouge de la Granja !

Depuis qu'elles étaient servantes dans l'établissement du seigneur Galfaros, elles ne se souvenaient point d'avoir vu un gentilhomme demandant pour son déjeuner du fromage, du pain et du vin.

Nous ne voudrions pas ternir la réputation de l'Espagne. L'Espagne passe à bon droit pour le pays sobre par excellence. Là-bas, un homme robuste peut vivre d'un oignon salé ou d'un petit morceau de chocolat : c'est de l'histoire.

Mais l'établissement gastronomique du seigneur Galfaros est de l'histoire aussi. La séduisante nomenclature des mets, détaillée par Mariquita, Juana et Dolorès, trois Andalouses au teint bruni, ne doit point être prise pour une affaire de fantaisie. Nous sommes sous Philippe IV, dont le règne fut le Bas-Empire de l'Espagne. Les guerres de Flandres et de Hollande avaient donné à la jeunesse espagnole tous les vices des pays gloutons. Les fils de ces fiers hidalgos à fraise, dont la maigreur austère effrayait les gais compagnons du Béarnais, avaient appris à boire sec, à manger de bons morceaux, et à faire l'amour à la française.

A Madrid et à Séville, le vent de la mode soufflait de France.

Or, les modes françaises sont charmantes à Paris, pourquoi sont-elles si laides ailleurs !

L'établissement du seigneur Galfaros prospérait en conséquence de ce changement de mœurs. Il réunissait plusieurs spécialités. C'était à la fois un noble cabaret, une taverne, une académie d'armes, une salle de danse et un théâtre.

C'était encore un petit pré au Clercs.

La fin du seizième siècle avait été, comme chacun peut le savoir, malade d'une véritable épidémie de duels. La manie de s'entr'égorger courtoisement avait atteint dans presque toute l'Europe ces proportions déplorables qui ont défrayé chez nous tant de drames et tant de romans. Malgré la triste célébrité des rencontres qui eurent lieu à la cour de France sous Henri III et Louis XIII, nous pouvons affirmer en toute sincérité que de l'autre côté des Pyrénées c'était bien autre chose encore. En Espagne, les combattants principaux avaient coutume de prendre cinq, six et jusqu'à douze seconds; ce n'étaient plus des combats singuliers, mais bien des batailles rangées. Dans le duel de Henriquez de Silva-Pedroso contre le Portugais da Costa, qui eut lieu à Badajoz en 1603, dix-sept gentilshommes restèrent morts sur le pré.

Aussi le commencement du XVIIe siècle fût-il marqué dans les divers États de l'Europe par une extrême sévérité contre les duels. Cette sévérité fut loin d'être toujours efficace ; mais on doit constater les efforts du cardinal de Richelieu en France, du duc de Buckingham en Angleterre, et du comte-duc d'Olivarez en Espagne.

Celui-ci surtout, poussant les choses à l'excès, selon le génie de sa nation, avait mis le saint-office de la partie, et son édit de 1634 rendait les duellistes justiciables du tribunal de l'inquisition.

Peut-être l'inquisition condamna-t-elle au bûcher çà et là quelques hobereaux trop chatouilleux, mais l'histoire ne cite aucun grand d'Espagne exécuté pour fait de duel.

On se battait à couvert pour éluder la loi : il y avait des maisons de duel, comme nous voyons en France des maisons clandestines de jeux, depuis que le hasard est une divinité persécutée.

L'établissement du seigneur Galfaros réunissait à tous ses autres agréments une cour ou *patio* entourée de magnifiques orangers, qui passait pour être le champ clos le plus commode du monde entier. Le seigneur Galfaros payait-il pour cette dernière industrie un impôt spécial ? nous ne saurions le dire ; mais le fait était notoire à Séville : la cour des Castro avait dans la capitale andalouse la même réputation que le pré aux Clercs à Paris.

On appelait le patio la cour des Castro, à cause d'une rencontre sanglante qui avait eu lieu là, au début du règne de Philippe IV, entre les trois fils de Miguel de Castro y Fuentes, marquis de Ciudad-Réal, et trois jeunes gens portant le même nom, issus de la branche de Castro-Cadaval.

Joachim de Castro-Cadaval resta seul contre trois, comme le plus jeune des Horaces, et demeura comme lui maître du champ de bataille.

Au bout de quelques minutes, grâce à l'empressement des trois belles filles, don Ramire eut son modeste déjeuner. Il se plaça, comme de raison, le visage tourné vers cette fenêtre qui était pour lui l'Orient, car il espérait y voir lever son soleil, puis il attaqua son pain et son fromage avec la vaillance d'un bon estomac qui ne s'est pas restauré depuis vingt-quatre heures.

Les portes de l'église étaient ouvertes. Quelques rares fidèles commençaient à se diriger vers le saint lieu. Là-bas, ce ne sont pas seulement les pauvres gens qui entendent les messes matinières. Ce que l'on craint le plus en Espagne, c'est la chaleur du milieu du jour; aussi voit-on les senoras les plus haut titrées venir aux premiers offices.

C'était donc l'aubaine qui commençait pour nos gueux. Ils se mettaient déjà sérieusement en besogne. Nous les avons bien vus travailler tout à l'heure, mais c'était en quelque sorte la bagatelle de la porte. Maintenant, ils remplissaient leurs fonctions pour tout de bon, et l'oreille, à cent pas à la ronde, était littéralement assourdie par leurs gémissantes clameurs.

Ramire était désormais fait à ce tapage; il n'en perdait pas une bouchée; mais un bruit de rires eut lieu à l'intérieur de la maison du Sépulcre, dont les portes s'ouvrirent bientôt avec fracas pour donner passage à une demi-douzaine de jeunes seigneurs dont l'humeur semblait fort joyeuse. Leurs habits et leurs coiffures en désordre, à cette heure si peu avancée, accusaient une nuit de plaisirs. Ils étaient pâles, leurs yeux battus disaient la fatigue de l'orgie, ils avaient l'air de se glorifier de leur démarche chancelante.

Presque tous étaient habillés à la française, sauf un retard de quelques années sur la mode. Ils avaient le costume de la cour de Louis XIII, surchargé de taillades et de dentelles. Ils portaient fort bien, pour la plupart, cet accoutrement théâtral. C'étaient de beaux jeunes gens, un peu vaniteux, un peu fous, un peu vides, mais nobles plus que le roi, par Saint-Jacques! et bons vivants par dessus le marché.

Ils se répandirent sous l'arcade en rebouclant leurs ceinturons et en secouant la soie et le velours de leurs pourpoints. Les uns se campèrent entre les piliers pour voir passer les dames; les autres s'assirent, harassés, autour des tables, et demandèrent des sorbets africains.

— Ventre-saint-gris! dit un gros petit bonhomme, frais comme un Flamand, coiffé de cheveux roussâtres et frisottants et qui semblait bien heureux de connaître ce juron d'outre-monts, il sent le renfermé chez ce Galfaros quand vient le matin. Un sorbet au lotus, mignonne!

— Fade! fade! Narciso, mon cousin, repartit un grand beau cavalier, qui se jeta indolemment sur un siège; du vin de France, Mariquita, et de l'herbe de Tabago, ma jolie!

— Voilà Pescaire qui va nous enfumer comme des jambons! crièrent quelques voix.

Et d'autres :

— Le marquis a raison. Du tabac ! du tabac !

En France, l'ambassadeur Nicot offrit, dit on, la première prise à Catherine de Médicis ; mais Fernand Cortès avait apporté le tabac en Espagne dès l'année 1520. Il y eut des édits sur l'usage de l'*herbe de Tabago*, dès le commencement du règne de Philippe III.

Le marquis de Pescaire alluma une cigarille, qui certes eût paru grossière et mal tournée aux amateurs raffinés du panatella ; mais il parut en respirer la fumée avec une précoce sensualité. Deux ou trois autres l'imitèrent, tandis que don Narciso de Cordoue et quelques délicats se bouchaient les narines avec leurs mouchoirs brodés en criant fi ! de tout leur cœur.

— Seigneurs, dit Pescaire entouré d'un nuage, je n'estime la découverte du Nouveau-Monde que pour cette feuille narcotique et parfumée...

— Mais savez-vous, interrompit Narciso en colère, que ce Chuchillo se familiarise, et qu'il ne convient pas à des fils de bonne maison de frayer de trop près avec un piqueur de taureaux ?

Il frisa le croc de sa moustache rousse avec beaucoup de dignité. C'était un bon gros comique, chose rare en Espagne, où les comiques sont généralement mauvais et maigres.

— Bah ! fit Jaime de Luna, un des novateurs qui se permettaient le cigare, Chuchillo te déplait, Cordova, parce que la petite Ximena le regarde.

— C'est un ange que cette Ximena ! s'écrièrent à la fois le jeune comte de Soto-Mayor et don Julian de Silva.

— J'aime mieux Carmen, dit Luna.

— Serafina est bien charmante aussi, ajouta le petit Narciso de Cordono; mais je ne sais pas ce qu'elles ont toutes à courir après ce Chuchillo maudit !

— Quand le comte de Palomas n'est pas là, pourtant, fit observer Mariquita, qui apportait un plateau chargé de sorbets.

— Don Juan ! s'écria-t-on aussitôt de toutes parts ; où diable est don Juan de Haro, comte de Palomas?

— Voilà deux nuits que nous ne l'avons vu.

— S'est-il fait ermite ?

— A-t-il pris du goût pour les graves tertulias de la duchesse sa tante?

— Ou travaille-t-il avec son oncle le comte-duc?

Le marquis de Pescaire lança une bouffée de vapeur avec autant de science et de netteté que pourrait le faire de nos jours le plus agréable fumeur du boulevard de l'Opéra.

Après quoi il bâilla en disant :

— Il se dérange, seigneurs, nous devrions veiller à cela.

Ramire, à qui, nous sommes obligés de l'avouer, aucun de ces jeunes et brillants seigneurs n'avait fait la moindre attention, les regardait, au contraire, avec une avide curiosité. Il était aisé de deviner que Ramire n'avait jamais rien vu de pareil. Sa curiosité, du reste, était exempte de toute malveillance. Leurs discours le faisaient sourire ; il les trouvait beaux et joyeux. Bien que leurs costumes fussent très opposés à la mode adoptée par les seigneurs de l'Estramadure, Ramire en admirait sincèrement l'élégance. Il se disait :

— Voilà donc ces jeunes courtisans dont on nous parlait tant à l'université de Salamanque ! Ils n'ont point, en conscience, physionomies d'excommuniés ni de réprouvés.

Ce bon Ramire, comme vous le voyez, avait été à l'université de Salamanque.

C'était peut-être un savant, malgré son justaucorps de buffle et sa longue épée qui reposait, avec son feutre pelé, sur une table vide, entre lui et nos évaporés.

Parmi tous ces jeunes gens, il avait remarqué surtout celui qu'on appelait le marquis de Pescaire.

Aux yeux de Ramire, ce large front avait d'autres pensées que les rêves stupides de l'ivresse ou les futiles caprices de la débauche.

Ce bon Ramire était peut-être un observateur.

— Mauvaise matinée ! grondait cependant Gabacho sur sa marche ; qu'as-tu fait, Picaros ?

— Deux pecetas, ô mon ami, et avec quelle peine !

— Avez-vous vu sous son voile la bouche rose de cette senora qui m'a donné un douro ? demanda ce fat d'Escaramujo.

— Chaque duègne qui passe me glisse un cuarto, ajouta Domingo. Vive Dieu ! l'avantage est à la jeune école.

— La charité, noble seigneur, pour les mérites de la reine du ciel !

— O mes amis ! du pain pour les derniers jours

d'un chrétien qui a confessé la foi pendant cent treize ans !

— Senora, pour que Dieu vous garde la céleste beauté de vos yeux !

— Carajo ! fit Mazapan avec découragement, le métier s'en va, les bourses sont sourdes.

— Et ceux-là qui ont bu toute la nuit, reprit Gabacho en montrant nos jeunes seigneurs, achèvent de s'emplir la panse, avant d'aller se coucher à l'heure où les honnêtes gens se lèvent.

— C'est une honte ! c'est un scandale !

— C'est une insulte à notre vertueuse indidence !

— O noble mère de deux créatures charmantes, un pauvre maravédi pour acheter du pain à mes malheureux petits enfants !

Gabacho eut enfin un douro pour cet éloquent appel, lancé à propos.

— A partager, n'est-ce pas, noble dame? cria aussitôt Caparrosa, posé coquettement et souriant avec grâce.

— Nous avons tous des enfants, ajouta Domingo.

Et ce petit effronté de Maravédi acheva :

— Les miens n'ont pas mangé depuis deux jours, les pauvres affamés !

La senora passa sans répondre. On se jeta sur Gabacho, qui joua un peu du couteau pour défendre le pain de sa famille. Le centenaire Picaros eut une égratignure à la joue. Il s'était montré ardent comme un jeune homme.

Un contador s'avançait justement, précédant sa famille vêtue avec économie.

— Oh ! le plus généreux des hommes, s'écria

Picaros en lui barrant le passage, voyez mon sang qui coule! la vieillesse a paralysé mes mouvements; mes pas chancellent sous le poids de l'âge; je suis tombé sur le pavé... Ne donnerez-vous pas au vieillard de cent treize ans?

— Je lui donnerai, interrompit le contador, en l'écartant de son bras replet, je lui donnerai un sage conseil qui vaut mieux que de l'or. Une autre fois, bonhomme, regardez à vos pieds et vous ne tomberez point.

Il passa. Nestor revint tout penaud à sa place, où l'accueillirent les lazzi de ses compagnons.

Il y eut en ce moment une joyeuse clameur sous le porche de la maison du Sépulcre.

— Don Juan! don Juan! voici notre don Juan!

Une litière venait de s'arrêter à l'angle des arcades mauresques. Deux noirs habillés de blanc la portaient. Un jeune homme splendidement harnaché dans le propre costume des mousquetaires de Louis XIII montra son sourire indolent à la portière ouverte. Il mit le pied sur le pavé et renvoya d'un geste son attelage humain.

— Don Juan! don Juan de Haro! D'où viens tu, capitaine? Et qui t'a fait cadeau de cette merveilleuse chaise?

— Don Juan, le bien nommé, quelle duchesse t'a comblé ainsi?

— Quelle marquise, capitaine?

— Il est arrivé un galion à Cadix, don Juan, as-tu incendié le cœur de la femme du contador mayor?

Ils s'étaient tous levés pour aller à sa rencontre. Ils l'entouraient. Celui-là, pour commettre un anachronisme volontaire, celui-là devait être le lion de la jeunesse dorée espagnole.

C'était don Juan de Haro, capitaine des gardes du roi, comte de Palomas depuis le printemps dernier, grand d'Espagne de première classe, et neveu du favori de Philippe IV, le comte-duc d'Olivarez.

Il portait bien cette fortune, ce beau jeune homme au front blanc et pâle. C'était une admirable tête castillane, fine et froide, un peu efféminée dans ses contours allongés, mais relevée par les fermes saillies de l'arcade sourcilière et surtout par la courbe aquiline d'un nez tranchant et hardiment modelé. Ses yeux avaient du feu malgré leur affectation de fatigue languissante : sa bouche, petite et délicate comme celle d'une femme, souriait malicieusement, presque méchamment.

Il y avait un singulier contraste entre cette physionomie et celle de notre Ramire, fine aussi pourtant et peut-être plus fière, mais douée d'un caractère de franchise qui frisait les bornes de la naïveté.

Ramire était fort occupé du nouvel arrivant. Il en oubliait son pain et son fromage. Don Juan de Haro lui représentait le type le plus parfait du courtisan, et, qui sait? peut-être que, du fond de son inexpérience un peu sauvage, notre bon Ramire avait quelque goût pour les éblouissements de la cour. Il est des vocations. L'élégant favori d'Elisabeth d'Angleterre, Walter Raleigh, arriva, dit l'histoire, à Londres, avec des bottes rapiécées, une fraise jaunie et un vieux manteau de bure; cependant il supplanta le radieux Dudley.

Don Juan de Haro distribua négligemment des poignées de mains à la ronde, et se dirigea vers les tables, appuyé sur l'épaule du marquis de Pescaire, qu'il avait choisi entre tous pour lui accorder cet insigne honneur.

— Moncade, lui dit-il, je te donne les deux nègres et leur belle maîtresse, si tu me délivres de mes oncles qui ont formé le complot de me marier.

— Te marier! toi, Juan, s'écria-t-on de toutes parts; quel blasphème!

— A qui sont les nègres? demanda don Vincent de Moncade y Avalos, marquis de Pescaire.

— A qui donnerais-tu la palme de la beauté parmi les senoras de Séville? répondit Juan de Haro avec son impertinent sourire.

— Une grande dame?
— Ai-je l'habitude de déchoir?
— Son titre?
— Le plus haut.
— Son âge?

— Le plus charmant. Mais qu'on me donne un sorbet et parlons d'autre chose. Je prends décidément les femmes et l'amour en horreur.

Il se laissa tomber sur le siège qui se trouvait par hasard être le plus rapproché de la table où reposaient les restes de l'humble déjeuner de Ramire.

Celui-ci n'avait pas assez d'yeux pour le regarder. Une idée venait de faire monter la pâleur à ses joues. Il s'était dit : Si mon Isabel voyait ce séduisant seigneur!

Il est un âge où l'on n'a pas toute la science du monde qu'il faut pour donner à la fatuité le dédain profond qu'elle mérite.

Cet homme qui parlait de l'amour en rassasié faisait naître chez Ramire cette vague et puérile jalousie qui vient à l'enfant gourmand lorsqu'il voit un camarade plus heureux installé à son aise chez le marchand de gâteaux. Il se sentait petit, lui qui aimait d'en bas et de toute son âme, vis-à-vis de ce conquérant harassé de bonnes fortunes.

Il n'avait point de haine, car, après avoir pâli à cette idée d'une rivalité, sa pensée revint, bien entendu, vers sa bonne rapière, et il se dit encore, regardant Haro du coin de l'œil :

— Sur ma foi ! ce serait dommage.

Certes, le beau comte de Palomas ne se doutait guère en ce moment qu'il pût exister un homme assez insolent pour avoir pitié de lui.

Et si ce bizarre soupçon avait pu lui venir, il n'aurait point cherché cet homme sous le cloître de la maison du Sépulcre, à cette table où restait un verre à demi plein de vin suret, une croûte de pain et un débris de fromage.

Il n'avait pas pris garde encore à la présence de Ramire. Ce fut juste à cet instant qu'il l'aperçut pour la première fois en se retournant pour jeter son feutre orné d'un riche plumet sur la table voisine. Le pauvre sombrero de Ramire, orné de la branche de myrte, et son épée, étaient déjà sur cette table : don Juan de Haro les repoussa si brusquement que le chapeau tomba à terre.

Ramire rougit jusqu'au blanc des yeux. Il était doux comme un agneau, croyez-le, mais chatouilloux à l'excès et plus brave qu'un lion. Ses jarrets se roidirent d'eux-mêmes. Une parole provoquante vint à sa lèvre. Il resta immobile et muet.

Ses yeux venaient de rencontrer la jalousie d'Isabel. La jalousie lui rappelait l'aventure de cette nuit. Il avait autre chose à faire de son épée. Point d'embarras ni de querelles futiles! Son bras et son arme devaient être libres à l'heure de la méridienne.

Il ramassa son feutre tombé; il le mit près de lui en baissant les yeux. Palomas se mit à rire.

— Espèce inconnue depuis le déluge! murmura-t-il. Pourquoi ce coquin de Galfaros reçoit-il des gens comme cela?

V

ENTRE DEUX MESSES

Sur la place et dans les rues avoisinantes, les tard-venus se hâtaient pour l'office du matin. C'était un coup de feu pour nos amis du perron de Saint-Ildefonse. Ils arrêtaient les gens au passage, s'accrochant aux manteaux, aux mantilles, aux pourpoints. Ils y allaient véritablement de bon cœur et leurs cris atteignaient un diapason formidable.

— Ah ça! dit le comte de Palomas en portant la main à ses oreilles, cet endroit-ci n'est plus tenable ! J'ai toutes sortes de choses curieuses à vous dire, et l'on ne s'entend pas.

Il appela :

— Galfaros !

Le maître des Delicias s'avança, courbé en deux et le chapeau à la main.

— Fais taire ces drôles, lui ordonna Palomas.

Galfaros eût préféré toute autre besogne, mais on ne résistait point au seigneur comte de Palomas.

— Si Votre Grâce veut attendre un instant, répondit cependant Galfaros, l'office va commencer.

— Je n'attends jamais, interrompit le comte.

— Ils ont leur charte, je prie Votre Grâce de vouloir bien s'en souvenir.

— As-tu peur ?... Va leur dire ceci : Don Juan de Haro, comte de Palomas, coupera les oreilles au ras du crâne au premier qui fera entendre un cri... va !

Galfaros salua et se dirigea vers l'église.

Ramire ne releva point les yeux.

L'insolence du courtisan l'avait blessé au vif.

Sa dureté lui déplut davantage.

Littéralement, il n'osait le regarder, de peur de mettre le feu à sa propre colère.

Il faut craindre certaines gens quand ils regardent à leurs pieds.

Au bout d'une minute le silence le plus profond régnait sur le parvis. Galfaros avait parlé au nom du neveu d'Olivarès. Les gueux ne s'étaient point retirés. Ils restaient à leur place, muets et sombres sur les degrés du perron.

— Galfaros ! appela encore le comte de Palomas,

au moment où le cabaretier revenait tout fier de son expédition.

— Votre Grâce...

— Va dire à ce cavalier, reprit don Juan de Haro en montrant du doigt Ramire, que je ne partage jamais ma table avec un inconnu. Mon chapeau est sur celle-ci, qu'il enlève son épée.

Galfaros jeta un coup d'œil sur le déjeuner de Ramire. Il n'hésita point cette fois. On ne protège pas un chaland d'une douzaine de réaux.

— Seigneur cavalier, dit-il en se campant devant Ramire, Sa Grâce...

— J'ai entendu, interrompit notre jeune homme dont les oreilles étaient écarlates.

Galfaros ne vit point cela.

Comme Ramire gardait obstinément les yeux baissés, Galfaros s'enhardit et prit un ton plus péremptoire.

— Alors, mon cavalier, commença-t-il en mettant le poing sur la hanche, puisque vous avez entendu...

Il n'acheva pas. Les paupières de Ramire avaient eu un rapide battement, puis s'étaient relevées. Galfaros fit un saut de côté, bien que le regard du jeune homme ne fût point dirigé vers lui.

Une flamme que ce regard ! Palomas en eut un tressaillement et porta d'instinct la main à sa rapière en murmurant :

— Ce gaillard-là doit avoir un stylet à sa bretelle.

Ce fut l'affaire d'un instant. La paupière de Ramire s'abaissa de nouveau. Il était redevenu pâle. Les regards de tous les courtisans étaient fixés sur lui. Quelques-uns souriaient : c'était le petit nombre. La plupart portaient à cette scène une attention de plus en plus sérieuse.

Bien peu de gens se trompent à l'aspect d'un visage comme celui de notre jeune cavalier. Ceux qui souriaient étaient myopes.

Ramire, d'un geste lent et qui semblait contenir je ne sais quel frémissement, prit son épée sur la table où elle reposait auprès du chapeau du comte de Palomas.

Il la mit en travers sur ses genoux, cela sans mot dire.

— A la bonne heure ! fit le comte qui se retourna.

— A la bonne heure ! répéta Galfaros tout blême en se hâtant de regagner son antre.

— Veillez à la faïence, filles, dit-il en passant le seuil, je viens de rêver pots cassés.

Le marquis de Pescaire dit à voix basse, en s'adressant à Palomas :

— Je m'y connais, mon cousin, ce gaillard-là n'a pas besoin de stylet ; m'est avis qu'il aime mieux sa rapière.

— Aussi, dit le bon gros Narciso de Cordoue, la dorlote-t-il bien sur ses genoux. C'est pain bénit de remettre ces rustres à leur place !

— Assurément, assurément, firent quelques échos, car le comte de Palomas était en position d'avoir ses flatteurs comme un roi.

— Seigneurs, reprit Pescaire, nos pères, qui n'étaient pas des rustres, portaient des justaucorps pareils à celui-ci, et souvent plus troués.

— Voilà le troubadour qui commence sa chanson ! s'écrièrent les rieurs.

— Nos pères, poursuivit le marquis, étaient aussi nobles que nous, et voici sur la table de ce jeune cavalier le déjeuner qu'ils faisaient tous les jours.

— Galfaros ! cria le comte de Palomas.

Le maître des Delicias se montra au seuil, l'oreille basse. Il craignait une nouvelle algarade.

— Galfaros, commanda don Juan, apporte à don Vincent de Moncade y Avalos, marquis de Pescaire, cousin du roi, un carafon de petit vin, un morceau de gros pain et une tranche de ton plus mauvais fromage.

— Par saint Janvier de Naples, où mon aîné de Moncade est vice-roi, riposta Pescaire, nous avons fait en campagne de plus tristes repas que cela ! Mets vingt flacons de vin, Galfaros, autant de pains que tu voudras, et le plus gros de tes fromages, et va porter le tout à ces malheureux que mon noble cousin a réduits au silence... va !

Ramire enveloppa dans un même coup d'œil don Juan de Haro et celui qui parlait ainsi. Pescaire avait la tête haute et le sourire sur les lèvres. Les sourcils du comte de Palomas étaient froncés légèrement.

Cette race des Moncade produisait toujours de beaux et vaillants soldats. Il semblait à Ramire que le marquis de Pescaire, ce pâle jeune homme au regard froid et ferme, était là, parmi ces efféminés, comme une opposition vivante ou comme un héroïque reproche.

Ramire but une dernière gorgée et repoussa ses vivres. Il n'avait plus faim.

Peut-être eût-il quitté la place en ce moment, car il la sentait dangereuse, et son ferme vouloir d'éviter toute querelle frivole lui conseillait la retraite, mais un faible mouvement agita les planchettes de la jalousie. Le cœur de Ramire bondit dans sa poitrine. Tout ce qui l'entourait disparut pour lui, depuis l'insolent mignon qui venait de l'outrager, jusqu'au généreux seigneur dont les actes et les paroles avaient mis un peu de baume sur la blessure vive de son orgueil.

Il ne voyait rien cependant, car le soleil, frappant les planchettes, laissait tout ce qui était au delà dans une obscurité absolue, mais il croyait deviner dans cette ombre une forme svelte et gracieuse. Bien plus, il croyait sentir comme un vivifiant rayon qui lui réchauffait le cœur.

Ce rayon, c'était un regard d'Isabel.

Quand le seigneur Galfaros, escorté de ses servantes et valets, se rendit au parvis de Saint-Ildefonse pour exécuter l'ordre du marquis de Pescaire, les gueux étaient au repos. L'office était commencé depuis quelque temps déjà, et personne ne se présentait plus pour entrer dans l'église.

Gabacho, Mazapan, Picaros et la vieille école s'étaient arrangés de leur mieux pour faire un somme. Le poitrinaire Caparrosa se tenait à l'écart, rêvant ou faisant des vers peut-être, car il était poète. Don Manoël Palabras, Escaramujo, Domingo et Raspadillo jouaient le *revesin* sur une marche, avec des cartes que l'inquisition n'aurait pas pu saisir, tant elles étaient souillées et effacées. D'autres romantiques agitaient les dés ou faisaient danser les osselets agiles. Maravedi et la jeunesse prenaient leurs ébats sur le pavé.

Ce fut une liesse générale à la vue des pots où moussait le vin blanc de Llerena, tout le monde fut sur pied en une seconde, et les chapeaux balancés au dessus des têtes ponctuèrent une longue acclamation en l'honneur du noble Moncade. Puis le partage se fit, et le festin commença sur les degrés servant de table.

Ce beau Juan de Haro semblait maintenant tout triste.

— Bois pour t'égayer, Palomas, dit Soto-Mayor, et conte-nous ta dernière bonne fortune.

Palomas ne but point. Il secoua la tête en bâillant.

— Allons, don Juan, notre maître, s'écria Julian de Silva, l'histoire de la litière et des deux nègres, afin que nous prenions une leçon de galanterie !

— Don Juan pense à son mariage, repartit Luna ; voilà ce qui lui donne de la mélancolie.

— Avec qui te maries-tu, cousin ? demanda Pescaire, qui s'était replongé tout au fond de sa nonchalante indifférence.

Palomas lui tendit la main en souriant avec un reste de mauvaise humeur.

— C'est peut-être toi qui as raison, cousin, dit-il ; j'en suis encore à ce jeune cavalier et aux gueux. J'aurais pu ôter mon chapeau ou ne le point mettre auprès de son épée… et tu m'as appris qu'avec quelques ducats on fait taire les clameurs de la mendicité tout aussi bien qu'avec les menaces. J'ai envie de faire des excuses à ce jeune homme.

— Généreux cœur ! s'écria aussitôt Narciso avec admiration ; le comte-duc doit être fier de son neveu !

— Tu es bon, Palomas ! dirent Silva et Soto-Mayor : c'est pour cela que nous t'aimons.

Pescaire lui serrait cordialement la main.

— Cela est vrai, Juan, murmura-t-il, tu es bon. Quand nous étions tous deux enfants, je me souviens que tu valais mieux que moi. Ton bonheur est difficile à porter, crois-moi : les hommes te flattent et les femmes te gâtent. Souviens-toi de moi quand tu auras besoin d'un ami.

— Par la mort ! gronda le gros Narciso, voudriez-vous insinuer que nous sommes de faux amis ?

— La paix ! interrompit Palomas.

— Je dirai de vous tous comme je dis de lui, reprit Pescaire, vous êtes bons... mais c'est un courant de folie qui entraîne aujourd'hui la noblesse espagnole. Les Français sont faits autrement que nous ; chez eux, le vice ne tue pas toujours le cœur ; voilà que nous leur avons pris leurs vices...

— A l'amende ! Moncade, à l'amende ! crièrent dix voix en même temps. Il est défendu de dire que nous copions les gens de France.

— Plût à Dieu qu'il vous fût défendu de le faire !

— A l'amende deux fois ! à l'amende !

Moncade jeta sa bourse sur la table et dit :

— Payez-vous, je n'ai pas fini. Le Français est

léger, sceptique, frondeur et chevaleresque en même temps. Il n'en est pas ainsi de nous! Les chevaliers nos pères n'ont point eu de postérité...

— Tu n'as donc pas lu, interrompit Julian de Sylva, l'histoire du bon hidalgo don Quichotte de la Manche?

Un éclat de rire général accueillit cette question. Moncade lui-même accepta la plaisanterie de bonne grâce.

— Si fait, dit-il en ouvrant sa bourse; mais c'est moi qui joue ici le rôle de curé, maîtres fous que vous êtes! Vous aussi vous vous battez contre des moulins à vent. Vous êtes les don Quichottes de l'ironie française.

— A l'amende!

— Si don Quichotte avait tort de se barder de fer parmi des bourgeois vêtus de bon drap, que diriez-vous d'un homme qui porterait sous notre soleil andalou un manteau de fourrures?... Les pays diffèrent comme les âges. Il y a le donquichotisme de lieu qui vaut bien le donquichotisme de temps. Quiconque transporte la folie française dans notre grave Espagne...

— A l'amende! à l'amende!

— Vous avez compris : j'ai dit. Cela me coûte dix pistoles. Sancho Pança! sois notre trésorier!

Il jeta les dix pièces d'or sur la table, devant le petit Narciso de Cordoue, qui se leva, blême de rage et s'écria :

— Qui appelles-tu Sacho Pança?

— Il en faut un partout où fleurit don Quichotte, répondit Moncade froidement.

Il poursuivit, en s'adressant au neveu d'Olivarès, pendant que Soto-Mayor et Luna apaisaient Narciso de leur mieux :

— Tu m'as demandé mon avis, don Juan ; je te le dois : il va encore te déplaire. Ce jeune rustre, comme tu l'appelais naguère, n'a pas besoin de tes excuses, car il a méprisé ton insulte.

— Méprisé ! se récria le neveu du favori.

— Regarde ! répondit Pescaire. Il ne songe plus à toi.

Palomas tourna en effet les yeux du côté de Ramire. Celui-ci avait aux lèvres un doux sourire. Évidemment il se donnait tout entier à ses pensées.

Palomas se mordit les lèvres et murmura :

— C'est un rêveur. Je me suis occupé de lui deux fois de trop.

— O mes amis, disait cependant Picaros, rajeuni de soixante-dix ans par le petit vin de Llerena, du temps que ce palais avait un maître (il montrait à l'aide de son verre plein la maison de Pilate), il en était ainsi chaque dimanche. Ce qui vous semble une fête inespérée arrivait à l'heure fixe, quatre fois par mois. Les jours de la semaine, on faisait l'aumône à la grande porte du palais qui donne sur la rue des Sept-Douleurs ; le dimanche, les valets de Medina-Celi apportaient ici où nous sommes six grandes tables qui emplissaient tout le parvis. On les couvrait non pas de fromage moisi et de pain dur comme celui que nous a donné Galfaros, ce fils de Maure, mais de nobles viandes et de flacons de vin andalou. Les côteaux de Medina-Celi, chargés de vignes, s'abaissent vers la ville de Xérès. C'était du vin de ce cru qu'il donnait aux pauvres !

— Il dit vrai, appuya Gabacho, je me souviens de cela.

— Et qui nous a enlevé cette aubaine ? reprit le centenaire, ô mes amis ! c'est celui qui veut nous chasser maintenant de Séville et nous envoyer mourir dans la poussière des grandes routes. C'est Olivarès, que Dieu le confonde !

— Que Dieu le confonde ! répéta Caparrosa la bouche pleine ; mais il n'osera pas nous chasser de Séville, c'est moi qui vous le dis. Il sait que dans vos rangs se trouve un nommé Caparrosa...

— Non, ma foi ! répondait en même temps Palomas aux instances de ses compagnons, je ne vous dirai point un mot de mon aventure d'amour. Vous ne saurez rien de la litière empanachée, rien des deux nègres vêtus de blanc, rien de la perle de beauté qui m'a prêté pour un jour les féeries orientales de son palais. Mon cousin de Moncade m'a converti par son attendrissante homélie ! Si je n'avais bouche close sur tout cela, mon cousin de Moncade m'accuserait avec une sorte de raison d'imiter l'indiscrétion française et la forfanterie galante d'outre-monts. Mes féaux, parlons plutôt de mon mariage.

— C'est cela, don Juan, fit le chœur complaisant, parle-nous de ton mariage.

— Don Juan marié ! Lope, Calderon ni Cervantes n'ont fait cette comédie-là, que je sache !

— Ce n'est pas Cervantes, répondit le jeune comte de Palomas, ce n'est pas Lope de Vega, ce n'est pas même notre ami Calderon de la Barca qui veut faire cette comédie, mes féaux, c'est le respectable don Pascual de Haro, marquis de Zuniga, mon grand oncle, premier ministre de fait. Ces respectables personnages, assistés de mon parrain Baltazar de Zuniga y Alcoy, président de l'audience de Séville, se sont mis dans la tête que ma jeunesse était finie, parce que ma vingt-quatrième année vient de sonner. Ils disent que j'ai des dettes, comme si tout le monde n'en était pas surabondamment persuadé. Ils prétendent que ma santé se ruine, ce qui est erreur manifeste, puisque le corps médical de Séville est la seule confrérie à laquelle je ne doive pas un traître maravédis. Je vous prie, messieurs, buvons à la santé de ma femme.

Tous les verres s'emplirent et se choquèrent, tandis que toutes les bouches répétaient :

— Buvons à la santé de la femme de don Juan !

— La connais-tu, ta femme ? demanda Moncade après avoir bu.

— Dieu m'en garde ! répondit le jeune comte qui replaça son verre vide sur la table ; où diable veux-tu que je l'ai vue ? Elle habite depuis quinze ans le fin fond de l'Estramadure. Ai-je l'air d'un hidalgo de Badajoz, par hasard !

Ce mot Estramadure entra comme un coin dans la rêverie obstinée de don Ramire. Il entendit ce mot. Nous ne pouvons pas dire qu'il fut éveillé du coup, car on n'abandonne pas volontiers ces nuages délicieux où son esprit planait à cent piques au dessus du sol vulgaire. Mais enfin son rêve fut entamé ; il écouta d'une oreille.

— Je ne connais pas ma femme, reprit le comte

de Palomas ; je sais seulement qu'elle est unique héritière d'un domaine égal en étendue à la moitié du territoire de Séville, qu'elle a dix-huit ans, qu'elle est belle de cette beauté un peu barbare des filles de la montagne, qui donne parfois de la jalousie à nos adorées Madrilènes ; qu'elle est dévote, et qu'un jeune sauvage a pris l'habitude de chanter des romances idiotes, le soir, sous ses balcons...

— Ah ! ah ! fit-on de toutes parts.

— J'étais bien sûr, ajouta Pescaire, que le fou n'achèverait pas sans éclabousser un peu sa fiancée !

— Moncade, dit Julian de Silva, tu tournes au trouble-fête ! Que diable ! c'est joli, tout cela !

— C'est charmant ! appuya le chœur.

— C'est d'autant plus joli, poursuivit Palomas, que notre cher maître Herrera, la lumière de l'escrime espagnole, m'a enseigné, il y a plus de quinze jours, une riposte de pied ferme qui dort dans ma mémoire et dont je n'ai pas encore trouvé l'occasion de faire usage.

— Voyez-vous ! s'écria Narciso qui cherchait à placer son mot, un Espagnol peut tout oublier hormis le point d'honneur !

— Le point d'honneur est une vieillerie, repartit Palomas. La question est de placer ma riposte de pied ferme. Je n'en veux pas au jeune sauvage, non, ni à sa guitare fêlée, ni à ses romances du temps d'Isabelle la Catholique, mais voilà déjà deux fois que Herrera me demande avec son accent des Asturies : Comte, avez-vous essayé de ma riposte ? Je suis humilié, voilà le fait.

— Fanfaron d'impudeur! murmura Pescaire.

— Quand il a par hasard un bon sentiment, il le renie! ajouta Luna en forme d'éloge.

— Il est superbe! conclut Narciso, écarlate d'admiration.

— Ah çà, mes chers seigneurs, repartit le jeune comte qui tendit son verre, expliquons-nous bien, je vous prie. Tenez-vous la jalousie pour un bon sentiment?

— L'honneur... commença Soto Mayor.

— Je sais le reste, mon très cher, interrompit Palomas; voici Moncade qui aimerait mieux s'enivrer une fois par jour toute sa vie que de ne pas prononcer soir et matin son sermon sur la tempérance. Morbleu! comme on dit là-bas, ou ventre-saint-gris, comme dit notre Sancho Pança, le nom te restera, Narciso, mon pauvre compagnon, en sommes-nous encore à rabâcher les tirades de la comédie antédiluvienne? Guettons-nous nos sœurs et nos tantes comme ces affligeants personnages des comédies du vieux Lope? Avons-nous toujours à la bouche ce mot suranné : l'honneur, ce mot qui fait de la race espagnole un plastron étrange pour toutes les nations du monde? n'avons-nous pas encore raclé assez de mandolines et surveillé assez de balcons? morbleu! corbleu! une fois de plus, morbleu! têtebleu! jarnibleu! il est temps que tout cela change. Le monde marche, n'est-ce pas? pourquoi nous tous seuls resterions-nous stationnaires? A bas les fadeurs de Lope? à bas le pathos de Calderon! vive Cervantes, qui s'est au moins moqué de quelque chose! La moquerie, voilà le remède à tous nos maux! Versez à boire! et quiconque dira qu'on ayant du bon sens on imite la France devra être brûlé vif par la jeune inquisition dont je me déclare le chef et le grand-maître : l'inquisition du bon goût, de l'esprit et de la raison!

Il s'arrêta essoufflé. Tous ses camarades, y compris Moncade, battirent des mains.

Ramire écoutait maintenant. Nous ne saurions exprimer l'indignation scandalisée qui grandissait en lui. Cet homme foulait aux pieds en se jouant tout ce que Ramire aimait et admirait : l'honneur qui était son idole et les vieilles lettres espagnoles qui avaient nourri et illuminé sa jeunesse solitaire.

Ramire se disait :

— Demain il fera jour! Quand j'aurai délivré le bon duc, je jure Dieu que je fournirai à celui-ci une verte occasion d'expérimenter le mérite de sa riposte de pied ferme!

Il avait à peu près oublié l'injure personnelle. C'était pour l'honneur, pour Lope de Vega et pour Calderon qu'il était en colère.

Là-bas, les gueux choquaient leurs derniers verres à la santé du bon duc de Medina-Celi et à la confusion d'Olivarès.

— Je suis vaincu, dit Moncade; la nouvelle théorie de don Juan, mon cousin, me paraît fort au-dessus de l'ancienne. L'épée n'est plus pour défendre l'honneur, mais bien pour essayer les ripostes de pied ferme. C'est haut et c'est large. La jeune inquisition n'a-t-elle point encore d'autres vieux vices à balayer?

— N'est-ce pas assez? s'écria le comte de Palomas, tout ce qui est ennuyeux, guitares, vers hexamètres, beaux sentiments, langueurs, fadeurs, et le reste. Seigneurs, vous ai-je dit le nom de ma femme?

— Tu n'as oublié que cela, répondit Silva.

L'âme de Ramiro passa tout entière dans sa faculté d'ouïr. Il avait un pressentiment.

— Versez donc à boire, reprit don Juan ; le nom de ma femme est un grand nom : plus grand que le tien, Cordova, et que le tien aussi, Luna; Moncade le vaut à peine, il balance à tout le moins Silva... quand au mien, je compte le faire un peu plus glorieux que la Giralda. En faveur de cette noble ambition, seigneurs, pardonnez-moi mes blasphèmes contre les antiques fanfares de nos poètes. Je vous le donne en dix ; or, devinez!

— Sandoval! dit Luna, il y a une senorita...

— Le duc de Lerme, reprit Silva, a laissé une nièce.

— Je connais une Bivar, ajouta don Narciso de Cordoue, descendant du Cid Campeador en droite ligne.

— Sancho! interrompit don Juan, celle-ci tu ne la connais pas, ni toi, ni personne. Elle sort de terre. Pourquoi ne verse-t-on plus à boire? Cherchez, vous dis-je, et pendant que vous cherchez, je vais causer pour vous aider...

— Elvas? dit Julian.

— Albe? proposa Jaime de Luna.

— Cherchez, cherchez. Et voulez-vous que je vous dise ce qui rend ce parti le plus avantageux qui soit en tout l'univers? c'est qu'il n'y a ni beau-père ni belle-mère.

— Elle est orpheline ?

— Non pas : le duc vit, la duchesse existe...

— Ah! ah! s'écria Cordova, c'est la fille d'un duc!

— Et d'une duchesse, Sancho, tu aurais inventé la poudre. Oui, gros sphinx, c'est la fille d'un duc, du duc le plus duc de toutes les Espagnes, lequel est en prison, d'une part, sa femme est en exil, de l'autre.

— Medina-Celi! prononça tout bas Moncade.

Et toutes les voix répétèrent :

— Medina-Celi! Medina-Celi!

Ramire appuya ses deux mains contre son cœur. Une voix mytérieuse, avant toutes les autres, avait prononcé ce nom dans son âme.

— Bravo! mes féaux, s'écria Palomas ; c'est affaire à vous de trouver ainsi du premier coup le mot des énigmes! Je puis bien dire au moins que je ne vous ai pas aidés.

— Medina-Celi! fit encore Moncade qui semblait tout rêveur.

— Cousin, dit le jeune comte en s'adressant à lui, vois un peu, je te prie, comme je tiens compte de tes leçons : voici ces déguenillés qui recommencent leurs hurlements intolérables ; eh bien! je me bouche les oreilles et je les laisse en repos. Mais à quoi penses-tu donc, cousin ?

Moncade ne répondit point, ou peut-être sa réponse fut-elle perdue au milieu de cette grande reprise du concert des gueux.

L'office du matin finissait. Nos mendiants, qu'ils fussent de la jeune ou de la vieille école, ranimés par le petit vin de Llerena, se remettaient vigoureusement en besogne. Leurs clameurs étaient, s'il se peut, plus aiguës et mieux nourries que tantôt.

— Seigneurs, demanda le jeune comte en riant, voulez-vous que je vous dise à quoi pense notre noble ami Vincent de Moncade? Moi aussi, je devine les charades quand il me plaît. Notre cher marquis fait des réflexions philosophiques sur ce grand nom de Medina-Celi : il songe aux tempêtes de cet océan qu'on nomme la cour... Est-ce vrai, cela, Pescaire ?

— C'est vrai, don Juan, répliqua don Vincent ; je ne suis pas beaucoup plus vieux que toi, mais j'ai vu mourir un roi et tomber deux ministres. Si le successeur d'Olivarès te traite comme il a traité Medina-Celi...

— Bien il fera, marquis! interrompit le jeune comte; en politique, je suis Turc. Si mon très illustre parent et protecteur se laisse jamais donner le croc-en-jambe...

— Mais, se reprit-il avec une certaine amertume dans la voix, je m'aperçois que je scandalise ici tout le monde.

Pescaire lui tendit la main en souriant avec mélancolie.

— Juan, dit-il, tu vaux mieux que tes paroles, tu méprises tes flatteurs.

— Seigneurs! s'écria Palomas triomphant, je vous prends à témoin! Ce brave cousin a donné tête première dans le panneau! il me décerne un prix de vertu parce que j'ai dépouillé ce vêtement usé qui s'appelait autrefois la voix du sang. Morbleu! je voudrais bien savoir ce qu'il y a dans le

6.

cerveau des sages. Pescaire, mon ami, je t'abandonne mon oncle très illustre, si tu as les dents assez longues pour le mordre. Conspires-tu? Je suis avec toi, si tu me prouves que tu dois réussir et si tu me promets suffisante aubaine.

Les visages s'étaient rembrunis, les regards inquiets se croisèrent.

Ramire, étonné, s'interrogeait lui-même.

— Y a-t-il des monstres chez qui Dieu a supprimé la conscience? se disait-il; ou cet homme n'est-il qu'un fou, faisant carnaval d'infamies?

— Pour en revenir, reprit Palomas, car mes opinions hardies vous donnent la chair de poule, je vois bien cela...

— Cousin Juan, interrompit Pescaire, les opinions nous importent peu, mais il y a les espions de ton oncle.

— Un habile homme, seigneurs, qui se laisse battre au dehors, il est vrai, mais qui défend sa place à l'intérieur avec ses dents et avec ses ongles. Voilà un ministre qui tient à son roi! Donc, au premier mot de cette extravagance, un mariage pour moi, j'ai poussé les hauts cris; mais, plus tard, il m'a semblé original de m'entendre appeler seigneur duc, par toutes ces dames, et d'entrer du même coup en possession d'une fortune de plus de cent millions de réaux.

— On te ferait duc? demanda Silva.

— N'y a-t-il pas le titre du beau-père?

— Mais il vit!

— Pas beaucoup. Ces forteresses sont peu saines. Ne frémissez pas, surtout! On m'a promis...

Pescaire le regarda en face.

— Ne dis pas cela, don Juan, prononça-t-il sévèrement ; Dieu pourrait te punir en mettant la réalité à la place de ton éhonté mensonge.

Ils furent trois ou quatre pour répéter :

— Don Juan, ne dis pas cela !

— Têtebleu ! s'écria le jeune fou, moi, je prétends dire ce qui me convient. Et versez à boire ! Fi de quiconque n'a pas le courage de son incrédulité ! J'épouse cent millions de réaux et le duché de Medina-Celi, voilà ma croyance. Je n'épouse ni une famille déchue, ni un favori tombé, ni une belle-mère dont le mariage fut, dit-on, mystérieux comme un roman d'aventures, ni surtout une petite sauvage qui laisse sa croisée ouverte toutes les nuits et qui se fait suivre dans ses voyages par je ne sais quel bandoulier à tous crins. Je sais ce que je dis peut-être ! Le croquant était mêlé cette nuit à l'escorte qui accompagnait la duchesse et sa fille, lors de leur entrée à Séville !

— A Séville ! se récria-t-on à la ronde, la duchesse de Medina est à Séville !

Quelques regards furent échangés dans le groupe des courtisans.

Les cloches de Saint-Ildefonse sonnaient la grand'messe.

Ramire se leva. Il étouffait. Si quelqu'un eût fait attention à lui, on aurait pu le voir passer la main sur son front comme un homme qui sort d'un mauvais rêve.

Il jeta une pièce de monnaie sur la table. Un combat se livrait en lui. Sa raison lui disait de s'éloigner ; quelque chose de plus fort que sa raison le retenait. Cet homme l'attirait comme un aimant. Sa main avait frémi quand il avait touché son épée pour la rattacher à sa ceinture. Cet homme lui appartenait.

— O mes amis, dit Picaros, sur le perron, voyez donc comme ce jeune gaillard au justaucorps de buffle dévore des yeux le neveu de Sa Grâce !

— Il a une belle rapière! fit observer Caparrosa.

— Mais, ajouta Gabacho, qui oserait s'attaquer au neveu du favori?

Le neveu du favori était trop fin sous ses dehors évaporés pour ne s'être point aperçu de l'étrange effet produit par ses dernières paroles. Il faisait bon marché de tout, excepté de son propre intérêt, et son intérêt était que nul ne pût croire à une diminution dans le crédit du comte-duc.

— Il fallait bien, reprit-il négligemment, que je visse ma femme avant de l'épouser.

— Et c'est pour cela qu'on a révoqué l'ordre d'exil? demanda Cordova stupéfait.

— Aurais-tu jugé plus convenable, Sancho, mon ami, répliqua Palomas avec hauteur, que je me fusse dérangé, moi, pour faire le voyage d'Estramadure ?

— Payez-vous, dit Ramire à Galfaros qui passait.

Don Juan le regarda par dessus son épaule. Il se sentait en belle humeur.

Les courtisans étaient tout à fait retournés.

Le voyage de la duchesse à Séville grandissait

désormais de dix coudées le neveu du comte-duc et le comte-duc lui-même.

— Sans rancune, mon camarade, fit Palomas, qui adressa à Ramiro un signe de tête souriant.

Ramiro pâlit et ne bougea pas. Palomas, sans plus prendre garde à lui, poursuivit en s'adressant à ses compagnons :

— Résumé général de la situation : vous parlez mes très chers, à un duc de cent millions de réaux.

— Cela vaut bien le sacrifice de ta liberté, don Juan, fit le chœur.

— Vous vous trompez, mes féaux, repartit le jeune comte qui vida lentement son verre, rien ne vaut le sacrifice de la liberté. Comprenez-moi une fois pour toutes : j'achète et je ne paye pas. Mon titre et ma fortune m'imposent une femme ; c'est du moins l'apparence ; mais je n'aurai pas plus de femme que de beau-père ou que de belle-mère. Le beau-père à Alcala de Guadaira en attendant que sa maladie empire, la belle-mère en Estramadure, la femme dans un couvent... Ne vus récriez pas : c'est la loi de Guillen de Castro, de Calderon et de Lope. Nos ancêtres à fraises et à crocs sous le nez gardaient-ils autrement leur honneur ?

Il se prit à rire en promenant à la ronde son regard effronté.

Mais sa gaieté, factice ou non, fut brusquement coupée par une main lourde qui se posa sur son épaule par derrière.

C'était notre Ramiro qui avait enfin pris son parti.

Ramiro poussa d'abord un large soupir de soulagement, comme un homme qui relève la tête au-dessus de l'eau après un plongeon trop prolongé. Il était rouge encore de l'effort qu'il avait fait pour contenir son indignation; mais l'affamé ne souffre déjà plus quand le potage fume sur la table; au contraire, l'approche d'une jouissance vaut mieux souvent que la jouissance elle-même.

Ramiro avait à ses lèvres un sourire content. Sa taille se redressait à l'aise et sa poitrine aspirait à pleins poumons.

Il dit au neveu du favori, posément et sans se presser :

— Seigneur Juan de Haro, comte de Palomas, comme je vous ai entendu appeler, vous insultez les captifs, les proscrits et les femmes. Honte sur vous et sur ceux qui vous écoutent! Vous ne serez pas duc, vous n'aurez pas cent millions de réaux, vous n'épouserez pas la noble Isabel; me voilà ici pour vous l'affirmer sous serment, moi qui respecte tout ce que vous conspuez, moi qui crois en ce que vous niez, moi qui sers Dieu, moi qui aime l'honneur, moi qui défends les femmes.

VI

RAMIRE DE MENDOZE

L'emphase qu'on met à prononcer certaines paroles en altère complètement la saveur. Étant donné le petit discours de Ramire et le caractère connu du langage espagnol, plus d'un lecteur pourrait être tenté de croire que notre jeune cavalier, campé solennellement en face des courtisans, leur débita sa harangue de ce ton solennel, affectionné par tous les mauvais comédiens et par quelques orateurs passables. Il n'en fut point ainsi. Vous eussiez pilé ce bon Ramire dans un mortier sans en retirer un atome d'emphase; il était tout le contraire du comédien, il était simple, vif et franc. Tout en lui respirait la jeunesse et la brave bonhomie.

Il dit cela comme il le pensait, rondement et vaillamment.

Mais ne vous semble-t-il pas à propos de savoir un peu ce que c'était que ce beau garçon, arrivant à Séville en fraude de la sainte-hermandad, confondu, grâce à la nuit noire, avec les serviteurs de la duchesse de Medina-Coli?

Pourquoi apportait-il dans cette opulente capitale son justaucorps de buffle, sa naïveté provinciale et l'épaisse fainéantise de son gros valet Bobazon?

Il y avait entre la rivière Mahon, et la chaîne de la Gala, au fond de l'Estramadure, une vieille masure féodale, connue dans le pays sous le nom de château du Comte (alcala del Conde). Elle était habitée, vers le commencement du siècle, par une famille d'hidalgos laboureurs du nom de Mendoze. De 1610 à 1620, les années de famine s'étaient succédé sans interruption dans l'Espagne du centre ; il arriva que les Mendoze s'endettèrent et furent obligés de vendre la meilleure partie de leur petit patrimoine.

Les fils valides étaient à l'armée ; il ne restait pour la charrue que les vieillards, les femmes et les enfants. Dieu sait que les enfants étaient nombreux, car les soldats revenaient hiverner après chaque campagne.

Les gens des villages voisins racontaient une singulière histoire : ils disaient que l'un de ces enfants, élevés pêle-mêle dans la misère du vieux manoir, n'appartenait point à la famille de l'hidalgo.

Ils disaient qu'une nuit, vers l'année 1620, deux voyageurs, un cavalier et une jeune femme, avaient frappé à la porte du château du Comte, où jamais l'hospitalité n'était refusée ; car, ajoutaient-ils avec quelque raison, ce ne sont pas toujours les plus riches qui se montrent les plus secourables. Ces voyageurs venaient de Plasencia, sur le Tage. La jeune senora semblait fort malade.

Au jour, le cavalier reprit sa route tout seul. C'était, au rapport de ceux qui faisaient ce récit, une fière tête de seigneur, froide et triste. Il prit son chemin par les montagnes qui bordent le Léon. Pendant qu'il gravissait les pentes, on le vit se détourner plus d'une fois et porter la main à ses yeux pour essuyer des larmes.

La jeune femme était morte dans la nuit. On lui creusa une tombe au cimetière de Cujo. Sur la tombe, il n'y eut que le nom qu'elle avait reçu au baptême : Isabel.

Mais, deux ans plus tard, le cavalier revint, et l'on trouva suspendu à la croix de bois, qui marquait la sépulture de la jeune femme, un petit médaillon d'argent contenant une mèche de cheveux noirs. Sur le médaillon était gravé un écusson d'azur aux trois éperons d'or avec cette devise : *Para aquijar à haron* (pour aiguillonner le paresseux). Au revers du médaillon, il y avait une banderolle gravée avec ce jeu de mots en langue latine : *Haro, hero ero* (je suis Haro, héros je serai).

Depuis on n'entendit plus parler jamais de ce cavalier.

Mais on se souvint d'autant mieux de l'aventure que, après la mort de la jeune femme, l'une des brus du vieil hidalgo Mendoze, qui venait d'être mère, partagea son sein entre deux nourrissons.

Quinze années s'écoulèrent. La mémoire de ces faits mystérieux est tenace dans les campagnes, seulement la confusion s'y met à la longue. L'opinion générale était que, parmi les nombreux adolescents qui grandissaient à la tour du Comte, il y avait un étranger. Personne n'aurait su dire lequel.

En 1737, lors du *mal noir* qui désola l'Espagne, l'hidalgo, sa femme et plusieurs de ses fils furent enlevés par l'épidémie. La croyance répandue un peu partout qu'une fois la mort entrée dans une maison, tout y passe, est bien plus populaire en Espagne, où la plupart des maladies prennent un caractère contagieux.

Quoi qu'il en soit, le proverbe eut cruellement raison. Cette forte et nombreuse famille fondit comme la gelée des nuits de printemps aux premiers rayons du soleil. Au commencement de l'année 1638, Ramire, qui venait d'avoir dix-sept ans, conduisit tout seul à sa dernière demeure sa mère, bonne et simple femme qui avait survécu à tous les habitants du château du Comte.

Ramire rentra sombre et découragé dans cette vaste demeure qui tombait en ruines. C'était un joyeux enfant, mais l'épreuve était trop forte. Quand il alluma sa lampe pour la première fois, le soir, dans la cuisine, où vieux et jeunes s'assoyaient autrefois autour de l'olla podrida fumante, le cœur lui manqua. Il s'enfuit.

Jusqu'alors il avait eu pour mission de soigner les chevaux et de mener la charrue. Il arriva à Salamanque un dimanche au soir, et rencontra devant le portail de la cathédrale un jeune garçon de Quijo qui postulait la tonsure. Dès le lendemain, Ramire était étudiant à l'université de Salamanque. Son camarade lui avait vanté les douceurs de l'état ecclésiastique, et notre pauvre ami, qui n'avait plus de famille, s'était décidé à se jeter dans les bras de la religion.

Salamanque était alors la plus illustre et la plus avancée des universités espagnoles. Parmi ses nourrissons elle comptait les personnages les plus éminents de ce siècle, et entre autres le comte-duc d'Olivarès lui-même. Le pouvoir royal la choyait, le saint-office lui accordait l'honneur de sa protection spéciale ; étudiants et professeurs vivaient là comme coqs en pâte : ils étaient les maîtres de la ville.

L'enfance de Ramiro avait été pieuse ; mais il ne tarda pas à s'apercevoir du néant de sa vocation. Ses goûts l'eussent porté volontiers vers la profession guerrière, et ses plus grands succès furent à la salle d'armes de maître Castorio, la première épée de l'ancien royaume de Léon. La poésie aussi l'attirait. Il passa trois années dans un grenier de la rue Concha, pâlissant sur les livres, vivant de rien et ne prenant d'autre plaisir que ses assauts à la salle d'armes.

Au bout de trois ans, il fut bachelier : grand honneur, maigre profit.

On le mit en demeure d'entrer dans les ordres. Il fit son petit paquet et revint au château du Comte.

Les crevasses de la vieille gentilhommière s'étaient élargies pendant son absence. La terre tombée en friche se couvrait de genêts. Ramire entreprit de vivre seul dans ce trou. La gaieté insouciante de son caractère le soutint ; il avait des livres, il ensemença un petit coin de champ : il ne mourut ni d'ennui ni de faim.

Ce fut tout. Il avait deux voisins : un vieux pêcheur de la Mabon, nommé Bonifaz ; et Bobazon, le tondeur de mérinos. Bonifaz était un philosophe, et Bobazon un homme d'argent. Pour les mœurs, l'Estramadure est un peu la Normandie de l'Espagne. Le paysan y est raisonneur et rusé. Bobazon, parfait balourd, mettait ses économies dans un pot, afin d'acheter un domaine. Il y avait dix ans qu'il thésaurisait : il possédait déjà de quoi emplir à moitié son bonnet de réaux.

Un jour que Bonifaz tendait son tramail à un coude de la Mabon, grossie par la fonte des neiges, il aperçut au travers des buissons de la rive son jeune voisin immobile et comme en extase. Ramire était debout sur un tertre. Le vent faisait flotter ses longs cheveux sur ses épaules. Il avait cette attitude de l'homme qui s'est arrêté tout à coup pour contempler un objet digne d'admiration.

Bonifaz, curieux comme un philosophe, quitta ses filets et monta sur le tronc ébranché d'un saule. De là, dominant le bassin de la Mabon, il put suivre le regard du jeune bachelier et voir au lointain une cavalcade qui se perdait dans les bosquets de frênes au bas de la montée.

— Holà ! Mendoze ! cria-t-il en riant.

Notre bachelier tressaillit de la tête aux pieds et se retourna, rouge comme une fleur de cactus.

Bonifaz reprit :

— Si tu la regardes encore une fois tu deviendras fou, voisin !

La cavalcade disparaissait sous bois. On distinguait encore cependant, parmi la foule des écuyers et des piqueurs, deux femmes vêtues de deuil.

Ramire descendit de son tertre. Il était maintenant tout pâle.

— Bachelier, lui dit Bonifaz, on a vu des bergers épouser des reines. Es-tu amoureux de la fille unique de Medina-Celi ?

— Medina-Celi ! répéta Ramire.

Il s'était avancé jusqu'au bord opposé de la rivière. Bonifaz avait repris ses filets.

Il dit en tendant la corde de son tramail :

— Il y a des choses plus surprenantes que cela dans nos romanceros. Une fois, que j'allai jusqu'à Badajoz, je vis jouer une saynète qui avait ce titre : *Être et paraître*. Cette jeune Isabel n'est peut-être pas plus Medina-Celi que tu n'es Mendoze, toi, voisin bachelier ?

Ce philosophe Bonifaz s'exprimait parfois d'une façon peu compréhensible. Il aimait à poser des énigmes. Ramire voulut exiger une explication ; ce fut peine perdue. Bonifaz le pria d'aller un peu plus loin, de peur d'effrayer son poisson.

Hélas ! le philosophe avait dit vrai, Mendoze regarda encore une fois cette délicieuse créature, et il devint fou. Ses journées se passèrent à courir monts et vaux, afin de rencontrer la suite de la bonne duchesse, soit que celle-ci fit sa promenade quotidienne, soit qu'elle menât la chasse, montée sur son rapide genêt.

Ramire guettait la cavalcade : il se cachait derrière les branches quand le galop des chevaux retentissait dans le sentier, et bien souvent, au fond de quelque fourré, cette charmante Isabel dut prendre sa prunelle ardente pour l'œil d'une bête fauve.

Il n'y avait dans les souvenirs du pauvre bachelier qu'une légende poétique : c'était la courte et lamentable histoire de cette jeune femme morte au château du Comte et enterrée sous cette pierre qui portait pour inscription un seul nom : Isabel. La mère de Ramire, en mourant, avait suspendu à son cou ce médaillon chargé d'un blason inconnu, qui portait trois éperons d'or sur son champ d'azur, avec cette devise significative : « Pour aiguillonner la paresse. » Ce médaillon était un souvenir de famille. Ramire le gardait comme une relique de sa bonne mère. Le nom de cette pauvre étrangère dormant au cimetière voisin, Isabel, avait pour sa jeune imagination je ne sais quel religieux parfum.

Et voilà que justement la fille de Medina-Celi s'appelait Isabel !...

Du haut de la tour demi-ruinée qui couronnait les débris de la demeure paternelle, Ramire voyait à l'horizon les orgueilleux donjons du château de Penamacor. Il restait là souvent de longues heures, et il rêvait.

Qu'y avait-il sous ces obscures paroles du pêcheur : « Isabel n'est peut-être pas plus Medina-Celi que tu n'es Mendoze ? »

Ramire voulut connaître l'histoire de cette bonne duchesse qui, du sein de son exil, répandait ses bienfaits sur toute une contrée. Ses deux voisins n'étaient pas ce qu'il fallait pour l'instruire. Dobazon ne savait rien; le philosophe Bonifaz avait coutume de parler seulement quand on ne l'interrogeait point. Ramire alla chercher ses renseignements ailleurs; il entra dans les cabanes des tenanciers, il écouta les récits des veillées. Voici ce qu'il apprit :

Quand mourut le dernier roi, à la fin de l'année 1621, il y avait à la cour de Madrid un jeune seigneur destiné à la plus haute fortune par sa naissance et surtout par l'amitié que lui portait l'héritier de la couronne. Hernan Perez de Guzman, duc de Medina-Celi, avait vingt quatre ans. Il avait déjà fait ses preuves comme homme de guerre dans les campagnes de Flandres, et le feu roi l'avait jugé digne de représenter l'Espagne à la cour d'Angleterre. Philippe IV avait alors seize ans. L'amour parle vite au-delà des Pyrénées. A la mort de son père, l'enfant était amoureux déjà.

Il aimait, comme cela se pratique toujours, une des filles d'honneur de la reine-mère : Eléonor de Tolède, belle entre les belles, et dont la fière vertu était au-dessus du soupçon.

En ce temps, un autre Guzman, car l'Espagne en compte par centaines, Gaspard de Guzman, qui fut plus tard le comte-duc d'Olivarès, était aussi un tout jeune homme. Il commençait à s'insinuer dans la faveur de Philippe.

Sur sa route de favori, Gaspard de Guzman rencontrait un double obstacle : deux jeunes seigneurs, unis comme Oreste et Pylade, et dont l'amitié semblait inspirer au roi une irrésistible sympathie.

C'était d'abord don Louis de Haro, comte de Buniol, un peu plus âgé que Philippe et qui avait été son menin favori ; c'était ensuite Hernan, duc de Medina-Celi, dont la fortune avait été grandissant depuis le début du nouveau règne.

Don Louis de Haro, allié du duc de Lerme, le favori du roi, entama franchement la lutte, et faillit renverser du premier coup la grandeur naissante d'Olivarès. Mais celui-ci l'enveloppa d'une intrigue habilement ourdie, et obtint contre lui un arrêt de proscription. Don Louis de Haro parcourut longtemps les montagnes du centre avec sa jeune femme, Isabel d'Aguilar. Il devint le chef de la conjuration des *desservidores*, et fut fait prisonnier à Badajoz, deux ans après la mort de sa femme, tuée par la fatigue et le chagrin.

Son sort ultérieur resta un mystère. Les uns disaient qu'il s'éteignait dans un cachot, d'autres prétendaient qu'il avait pu briser ses chaînes, d'autres enfin affirmaient qu'un assassinat avait terminé sa vie.

Le jeune duc de Medina avait été pour le nouveau favori un rival encore plus redoutable : il avait au-dessus d'Olivarès le courage personnel, la science politique, un patrimoine immense, un nom illustre entre tous ceux de la noblesse espagnole. Il fallait pour abattre celui-là une arme d'une trempe toute particulière. Olivarès chercha longtemps cette arme; le hasard la lui mit un beau jour dans la main.

L'amour du jeune roi n'était pas heureux. La belle Eléonor de Tolède avait jusqu'à présent repoussé avec dédain toutes les attaques. Olivarès sentait chanceler son pouvoir ; il en était à chercher les moyens d'éteindre cette passion qu'il avait lui-même attisée, lorsqu'il découvrit tout à coup les motifs de la résistance d'Eléonor.

Eléonor aimait, Olivarès se reprocha de n'avoir pas deviné cela plus tôt. Il se mit en quête afin de jeter au moins l'amant heureux en pâture aux colères jalouses de Philippe IV. Il trouva mieux qu'il n'avait espéré : l'amant heureux était Hernan, duc de Medina-Coli. En présence de ce résultat imprévu, Gaspar de Guzman commanda cinquante messes à la chapelle Pauline de la cathédrale de Madrid, et s'arrangea de manière à perdre d'un seul coup son rival. Le jeune duc de Medina-Coli, en effet, fut représenté comme un traître qui courait insolemment sur les royales brisées, et don Bernard de Zuniga, secrétaire d'Etat, décerna contre lui un ordre d'exil à l'étranger.

Au premier moment, Olivarès n'en voulait pas davantage.

Il obtenait ce résultat d'éloigner à la fois de la cour les doux amis, le duc de Medina-Coli et Louis de Haro, et de les mettre en outre dans l'impossibilité de se concerter pour lui livrer bataille. Mais les circonstances se chargèrent de rendre sa victoire plus complète qu'il ne la souhaitait. Le jour fixé pour son départ, Medina-Coli força la consigne du palais et se présenta au roi pour déclarer qu'Eléonor de Tolède était sa légitime épouse. Ceci avait lieu en 1626, Isabel, fruit de cette union, avait un an. Le mariage, au dire de Medina-Coli, avait été tenu secret à cause de la reine-mère qui regardait Eléonor comme sa fille, et ne la voulait point céder, même à un époux.

Le roi, d'après les suggestions d'Olivarès, demanda l'acte des noces qui ne put être fourni.

Ici, quelques voiles enveloppaient la narration. Personne ne savait dire pourquoi l'acte de mariage n'avait pu être présenté, certains allaient jusqu'à nier la célébration des noces.

La chose certaine, c'est que l'ordre d'exil fut

maintenu, Medina-Celi eut cette fois pour résidence assignée son palais de Séville. Au bout de quelques jours, Eléonor s'enfuit de Madrid avec son enfant et vint le rejoindre. Le roi, dont la fantaisie s'exaltait jusqu'à la passion, la suivit de près à Séville.

Une nuit, à la fin de cette même année 1626, la duchesse de Medina-Celi fut enlevée de son palais, pendant que son mari, chargé de fers comme un criminel, était conduit à la forteresse de Alcala de Guadaira. Il était accusé de complicité dans la première révolte de la Catalogne, fomentée par les *desservidores*, dont Louis de Haro, comte de Buniol, était le chef. Une requête en nullité de mariage fut portée devant la cour des Vingt-Quatre, qui refusa de connaitre, fautes de pièces produites.

Le nonce apostolique intervint, à cause de la récente arrivée d'Elisabeth de France, la nouvelle reine. Tout cela se termina par l'exil de la bonne duchesse au château de Penamacor. Le duc ne recouvra jamais la liberté. Olivarès eut l'oreille du roi sans partage.

Voilà, en peu de mots, ce que Mendoze put apprendre. On lui dit aussi que le souvenir des deux amis vivait à la cour, et que les adversaires d'Olivarès, qui étaient puissants et nombreux, se faisaient de ces deux noms, Louis de Haro et Hernan de Medina-Celi, un double drapeau.

Mendoze avait surtout donné son attention aux faits qui concernaient le père et la mère d'Isabel. Ces grandes infortunes de famille ajoutaient pour lui comme une mélancolique auréole à la beauté de la jeune fille. On ne saurait dire si Mendoze éprouvait plus de respect que d'amour. C'était un culte extatique et dévot dont il entourait cette noble fille de la proscription. Avec quelle joie il eût donné dès lors tout son sang pour lui acheter quelques-unes des gaietés de son âge : un baiser de son père, un sourire de sa mère !

Il nous faut bien avouer pourtant qu'aucune circonstance romanesque, aucun dramatique incident ne marqua leur première rencontre. Mendoze n'eut point l'occasion de sauver Isabelle des cornes furieuses d'un taureau ; il ne l'arracha point aux mains des bandits de la montagne ; il n'arrêta pas même d'un bras sûr et vaillant, juste au bord d'un précipice de cinq cents pieds de profondeur, son joli cheval emporté.

Il vint un jour, ce pauvre Mendoze, enhardi par l'angoisse de son extravagant amour, il vint jusqu'au sentier qui bordait la terrasse du château de Ponamacor. Isabel lisait sous le berceau tapissé de jasmins embaumés. Ramire voulait se cacher encore, mais elle le vit. Pourquoi sourit-elle à l'aspect de ce jeune paysan ? Pourquoi rougit-elle après avoir souri ? Pourquoi tourna-t-elle le feuillet avant d'avoir lu, et pourquoi le retourna-t-elle ensuite afin de rechercher le verset omis ?

Pourquoi la vit-on revenir pensive et la tête inclinée ?

Ramire n'avait fait que passer, le poltron ! et sa main timide avait tremblé en soulevant les grands bords de son feutre.

Hélas ! pourquoi, en effet ? Vous souvient-il du

premier serrement de cœur? Pourquoi eûtes-vous ce frisson inconnu? Et pourquoi votre poitrine souffrit-elle l'amère et délicieuse angoisse?

Moi, je ne sais. Vous aimâtes, parce que Dieu le voulut. L'amour est la seconde fatalité humaine. Elles sont trois : naître, aimer, mourir. Aux fatalités, il n'y a point de pourquoi.

Mendoze revint au château du Comte; sa solitude fleurit comme un jeune arbre au printemps. Ses journées se remplirent, ses nuits s'enchantèrent. Ce qu'il espérait, ne le demandez point. Elle lui avait souri.

Oh! bien plus! Du haut de la terrasse orgueilleuse, une fleur était tombée au pieds de Ramire.

Jugez si Bonifaz, le philosophe avait bien deviné! Ramire était fou.

Adorable et chère folie des jeunes tendresses!

Les nuits là-bas sont faites pour cela : Dieu les a illuminées et embaumées.

Il y avait six mois que, chaque soir, le signal de Mendoze appelait Isabel à son balcon. Le dernier soir, elle lui dit : Demain, nous partons pour Séville.

Mendoze regagna sa ruine, cette fois, étourdi et comme ivre. Il essayait en vain de voir clair dans le trouble de ses pensées. C'était en lui une sourde et vague angoisse. Il s'était endormi dans les pauvres délices de son amour d'enfant. En lui l'idée de la séparation possible n'avait pas même essayé de naître. Comme il croyait de bonne foi ne rien désirer au delà de ce qu'il était, il ne craignait rien. La vie, pour lui, c'était la continuation indéfinie de ces platoniques tendresses.

Tant que dura la nuit, il ne put fermer l'œil. Il sortit de grand matin. Son parti était pris ; il voulait, lui aussi, aller à Séville. Il possédait pour toute fortune quatre pièces d'or qu'il avait rapportées de Salamanque ; elles lui venaient d'un jeune et galant marchand qui payait pour avoir des madrigaux à envoyer aux dames. Ce n'était pas assez d'argent : il lui fallait à tout le moins un cheval, un manteau et un pourpoint de cavalier.

Il se rendit chez le voisin Bonifaz, qui lui rit au nez de bon cœur en disant :

— Il y a déjà bien des fous à Séville : un de plus un de moins, il n'y paraîtra guère.

Quand il vous arrive d'être embarrassé, ne consultez jamais les philosophes.

Ramire poussa jusqu'à la cabane où dormait Bobazon. Il fut obligé de faire beaucoup de tapage pour éveiller cette tranquille conscience. Quand Bobazon eut connu son cas, il réfléchit :

— Seigneur Mendoze, lui dit-il, je ne veux pas laisser un brave gentilhomme dans la peine : j'ai là dans un coin mes petites économies. Je vous les donnerai, si cela vous convient, pour prix de vos pauvres champs, qui sont devenus des landes et dont vous ne faites rien.

Ramire fut ébloui par cette merveilleuse idée.

— Tu es un honnête garçon, répondit-il, et je te remercie d'avoir songé à cela. Je te donne mes champs, mais je garde la maison de mon père.

Bobazon eut grande envie de se mettre à danser, il parvint cependant à pousser un gros soupir.

— C'est un mauvais marché que je fais là, seigneur Mendoze, murmura-t-il, mais ne faut-il pas obliger son prochain?

— Combien as-tu d'économies? demanda Ramire.

Bobazon alla chercher son pot de terre. Il en versa le contenu sur son grabat. Cela faisait un beau tas ; presque tout était en monnaie de cuivre.

— Hélas ! dit-il, en voici bien plus que ne valent vos genêts, mais à la grâce de Dieu ! J'aurai tiré de peine un gentilhomme et un chrétien.

Le tas de Bobazon contenait environ quatre cents réaux. Ramire avait de la terre pour une somme décuple, mais à quoi bon marchander? En conscience, cet excellent Bobazon ne pouvait donner plus qu'il n'avait.

Bobazon porta son pot au château du Comte, et Ramire signa un acte de vente.

— Maintenant, dit-il, je puis acheter un cheval, des habits et ce qu'il me faut pour aller à Séville. J'ai mon épée. Vive Dieu ! nous allons voir un peu de monde.

— Seigneur Mendoze, repartit Bobazon, les jeunes gentilshommes de votre sorte ne savent point conclure les marchés. Confiez-moi votre argent. J'irai à Placentia, et dans quelques heures vous aurez de mes nouvelles.

Ramire n'avait aucune raison de refuser cette offre toute obligeante. Aussi bien il lui fallait le temps de fourbir ses éperons et son épée.

— Que Dieu te bénisse, voisin ! répliqua-t-il en mettant le magot dans la main du tondeur de mérinos ; tu as été aujourd'hui ma providence. Pars vite et reviens de même.

Bobazon obéit. Ses deux bras, qui portaient le pot contenant les quatre cents réaux, avaient comme un frémissement amoureux.

— Ce serait bien lourd à porter jusqu'à Placentia, se dit-il en tournant le coude du sentier.

Aussi ne les porta-t-il pas plus loin que sa cabane. Le trou était encore ouvert ; il y replaça le pot, et le recouvrit de terre qu'il piétina et tassa avec beaucoup de soin.

Bobazon, outre son métier de tondeur de moutons, avait diverses autres industries. La tonte ne va qu'un temps ; il faut occuper le reste de son année. Bobazon raccommodait les vêtements des campagnards à deux ou trois lieues à la ronde ; il repiquait en outre les harnais et menait les chevaux en foire.

Quand il eut enfoui son pot bien-aimé, il se sentit le cœur libre et dispos ; il se dit :

— Me voilà maître d'un joli domaine, sans charges ni dettes : j'ai payé comptant et j'ai rendu service à un gentilhomme.

Cette dernière idée ajoutait à son bonheur, car il était naturellement serviable.

La masure où il s'abritait se composait d'une seule chambre, dans un coin de laquelle il avait fait son atelier. Plusieurs casaques déchirées pendaient à des clous fichés dans le mur. Il y avait aussi des brides hors d'usages, des licous de mules, et jusqu'à de vieilles selles dont la bourre sortait par de larges blessures. Bobazon avait tout cela en dépôt pour le raccommodage.

Il consulta l'ombre d'un laurier qui croissait devant sa porte, et qui lui tenait lieu de cadran solaire.

— Il faut trois heures pour aller à Placentia, même à dos de mule, se dit-il; trois heures pour en revenir. J'ai tout le temps qu'il faut pour me retourner.

Il ferma sa porte à la barre et décrocha vaillamment une demi-douzaine de brides, parmi lesquelles il choisit les deux meilleures. Il prit soin de les nettoyer et de les remettre en état.

— Celle-ci était au père Mendoze, pensa-t-il en secouant un sot scrupule qui lui venait; mais Ramire ne la reconnaîtra pas.

Deux selles furent ajoutées aux brides et cirées à neuf. C'était plaisir de voir Bobazon, l'honnête et laborieux garçon, recoudre leurs coussins éventrés.

Aussitôt que les selles et les brides furent en état, il chercha une casaque. Ici le choix manquait. A part quelques haillons appartenant aux laboureurs du voisinage, Bobazon n'avait en dépôt que ce justaucorps de buffle que nous avons vu depuis sur le dos de Ramire. Il appartenait à un vaillant hidalgo du pays, qui le faisait raccommoder pour la trentième fois.

Bobazon le mit au grand jour pour mieux juger des ravages dont le temps et l'usage avaient comblé ce vénérable vêtement. Il le trouva luisant, limé, troué, rapiécé, déformé, n'ayant plus figure présentable. Un instant il recula devant l'idée d'offrir un pareil uniforme à son voisin Ramire. Mais nécessité fait loi, Bobazon n'avait que ce morceau de cuir, il se mit courageusement à la besogne.

Il avait du talent et de la bonne volonté. En outre, par fortune, Ramire était moins gras que l'hidalgo. Bobazon tailla, Bobazon rogna, Bobazon gratta. Vers le milieu du jour, sa besogne était achevée. Il se trouvait en possession d'une casaque écourtée qui avait bien encore quelque tournure de noble accoutrement. Il la plia proprement et la mit avec les deux selles.

C'était l'heure de la sieste. Bobazon quitta sa masure après l'avoir solidement close. Il portait son paquet sur son dos. Tout dormait dans la campagne, les oiseaux sur la branche, les poissons dans les glaïeuls ; Bonifaz ronflait auprès de son tramail étendu.

Bobazon longea les bords de la Mabon, jusqu'à une belle prairie où les chevaux du village de Monte-Hermoso étaient au pâturage. Les bergers dormaient ; les chevaux vautrés dans l'herbe aimaient mieux sommeiller que paître.

Babazon laissa reposer les bergers. Il éveilla bien doucement deux chevaux, un bidet et un bon gros léonais de cinq ans. Il leur passa le licou et la bride, et les emmena derrière les saules. Là, il enfourcha le bidet pour passer la rivière à gué.

Quel besoin désormais d'aller à Placentia ? il avait l'affaire de Mendoze.

Mendoze, en effet, le vit bientôt arriver.

— Ai-je été longtemps? demanda-t-il gaiement.

Mendoze voulut savoir pourquoi Bobazon amenaît deux chevaux au lieu d'un. Voici ce que Bobazon lui répondit :

— Seigneur, sans que cela paraisse, je me suis pris pour vous d'une sincère affection. J'éprouverais une peine singulière à vivre dans un pays où vous ne seriez plus. Il vous faut un valet : qu'est-ce qu'un gentilhomme sans valet? En revenant de Placentia, où j'ai acheté les deux bêtes, leurs harnais et le beau casaquin de cuir cordouan que vous allez voir, j'ai réfléchi à tout cela. Je vous suivrai, mon bon maître, pour la nourriture seulement. Quelque jour, si vous devenez riche, je pense bien que vous récompenserez mes services désintéressés.

Mendoze n'avait pas beaucoup de temps à donner à la discussion. L'idée d'avoir un valet n'était pas sans le flatter. Il endossa la dépouille de l'hidalgo à laquelle sa riche taille rendit une sorte de tournure ; il enfourcha le léonais, et dit adieu à la gentilhommière, après avoir mis une branche de myrte à son feutre, pour remplacer la plume trop fanée.

Bobazon, monté sur le bidet, se mit à sa suite. Il pensait à part lui :

— J'ai mes terres dans ma poche. Mon pot est en sûreté, quand même on brûlerait ma maison. Les bonnes gens à qui j'ai acheté le justaucorps, la bride, le licou et les bêtes ne viendront pas me chercher jusqu'à Séville, et je vais voir du pays !

C'était, comme on le voit, un esprit juste et rigoureux dans ses déductions.

L'escorte de la duchesse de Medina-Celi, mandée à Séville par ordre royal, avait de l'avance.

Les deux montures achetées par Bobazon ne marchaient pas comme le vent. Nos deux voyageurs ne rejoignirent le cortège qu'à Llerena, et nous savons comme ils franchirent, de nuit, la porte du Soleil.

C'était là toute l'histoire de notre bon Ramire. Il ne lui était arrivé rien de plus, rien de moins. Nous aurions voulu offrir au lecteur une biographie plus aventureuse, mais c'eût été démentir la physionomie calme, résolue et à la fois naïve de ce brave enfant, qui avait fait dessein de délivrer tout seul le duc de Medina-Celi, et qui donnait des leçons au neveu d'Olivarès bien plus lestement qu'il n'eût parlé là-bas, sur les bords de la Mabon, à Bonifaz le philosophe.

Les courtisans s'étaient levés en tumulte pour écouter la verte apostrophe adressée au comte de Palomas. Deux seulement restaient assis : le comte lui-même, qui se retournait à demi avec un sourire étonné aux lèvres, et don Vincent de Moncade y Avalos, marquis de Pescaire. Don Narciso, toujours trop plein de zèle, toucha le premier son épée. Palomas le calma du geste. Ses lèvres avaient gardé leur sourire.

L'œil de Pescaire couvrait le jeune étranger. Il était calme et froid au milieu de l'agitation générale.

— Un brave garçon, dit-il entre haut et bas ; et bien planté !

Puis il but une gorgée à son verre, resté plein jusqu'alors.

— Seigneurs, fit le comte de Palomas, que vous en semble ? Ce jeune gaillard vaut-il la peine que nous fassions sur lui l'épreuve de la riposte de pied ferme?

La plupart haussèrent les épaules. Don Narciso dit :

— Sait-on seulement s'il est gentilhomme?

— Je vous réponds, moi, prononça lentement Moncade, que celui-ci est gentilhomme.

— Es-tu gentilhomme, mon féal? demanda le comte de Palomas toujours souriant.

Ce disant, il se détourna tout à fait. Son regard croisa celui de Ramire.

— Vive Dieu! s'écria-t-il, la figure vaut mieux que l'habit! Si nous avions le temps, je le remplumerais de pied en cap pour faire honneur à la botte de maître Herrera.

— Je m'appelle Mendoze, répliqua Ramire sans rien perdre de sa simplicité ; mon père était soldat, mes frères laboureurs, et ma mère une pieuse femme ; moi, je suis encore plus pressé que vous.

Ce nom de Mendoze passa de bouche en bouche. Personne n'ignore qu'il appartient à l'une des races les plus illustres de l'Espagne.

— Il y a tant de Mendoze! dit cependant don Narciso.

— Tais-toi, Sancho, nous ne rions plus, ordonna le comte de Palomas.

— Moncade, ajouta-t-il, croiserais-tu l'épée contre ce garçon-là?

Moncade, qui n'avait pas cessé de considérer Ramire avec une attention soutenue, se leva et dit :

— Mon cousin, je ferai mieux. Ce garçon-là,

comme vous dites, me plaît, et s'il veut bien accepter mon épée, je lui servirai de second.

VII

LA COUR DES CASTRO

Il y eut un long murmure parmi les courtisans, et Palomas lui-même jeta sur Moncade un regard d'étonnement profond.

Mendoze rougit et souleva son chapeau pour saluer cet ami inconnu que son étoile lui envoyait.

Moncade lui tendit la main franchement. Ce n'était pas montrer peu de courage en pareille compagnie.

Pendant que Mendoze lui rendait son étreinte avec chaleur, Moncade se tourna vers le jeune comte :

— Don Juan, dit-il, veux-tu un conseil?

— Non, repartit celui-ci en riant, à quoi bon les conseils d'un fou? Tu viens de nous donner des preuves de folie noire.

— Tu l'auras donc malgré toi, mon conseil, reprit gravement le marquis de Pescaire; garde ta riposte de pied ferme pour une autre occasion.

— De par Dieu! s'écria le comte de Palomas qui se leva d'un coup, j'aime encore mieux les leçons du jeune rustaud, fils de soldat, frère de paysan et bachelier de Salamanque par dessus le marché, que tes insolents avis, marquis. Dégainez, s'il vous plaît, seigneur Mendoze, je vais vous faire l'honneur de croiser le fer avec vous.

Mendoze ne se fit pas prier. Sa longue et forte lame, qu'il avait fourbie avant de partir, sortit étincelante de son fourreau. L'épée de Palomas était sur un siège à ses côtés. Il la prit, dégaina sans toucher le fourreau, qu'il jeta galamment derrière lui, par dessus sa tête, et ils tombèrent en garde tous les deux.

— Par mon saint patron, dit Gabacho sur le perron de l'église, voilà notre jeune provincial qui va couper en deux ce Haro! N'irons-nous point regarder cela de plus près?

Maravedi et ses camarades avaient déjà pris les devants. Ils avaient grimpé, pour mieux voir, jusqu'aux niches des saints qui ornaient le portail. Le clocher sonnait à toute volée le second appel pour la grand messe.

Les courtisans avaient d'abord essayé de s'interposer, mais Palomas avait dit : Je le veux! Ils faisaient cercle pour empêcher du moins que la police ne vint se mêler de la partie.

Moncade était debout auprès de son nouvel ami. Il gardait un grand sérieux. Il avait à la main son épée nue. Personne jusqu'à ce moment ne s'était présenté pour lui tenir tête.

A la première passe, le comte de Palomas fut obligé de se rejeter en arrière pour éviter un coup droit porté à fond par Mendoze. Il voulut chasser le fer et s'élancer à bras raccourci sur son adversaire, selon la mode d'alors, mais Mendoze l'arrêta par ce coup que les Espagnols appellent *haver la reja* (faire la barre) et qui consiste à poser sur le fort de l'épée pour clouer sa pointe en terre.

Ce coup fameux commençait presque toujours les rencontres de nuit. C'était un temps d'arrêt pendant lequel les deux adversaires avaient coutume de décliner pompeusement leurs noms et titres, comme les héros de la tragédie antique.

Les noms une fois proclamés et les titres mis en regard l'un de l'autre, on commençait parfois à se provoquer mutuellement en des tirades homériques. Entre tous les peuples du monde les Espagnols sont verbeux et solennels.

Mais ce n'était point pour entamer un discours que Mendoze faisait la barre sur l'épée de don Juan. Une grande rumeur venait de naître sur la place. Pendant que son adversaire reculait, Mendoze avait tourné la tête involontairement. Il avait vu la porte de la maison de Pilate grande ouverte; il avait aperçu la litière de la bonne duchesse portée par quatre serviteurs revêtus de costumes de deuil.

La litière elle-même était noire, et de chaque côté l'écu de Medina-Celi s'y couvrait d'un crêpe. D'autres que Mendoze avaient vu cela. Il paraît que la rentrée à Séville de la duchesse Eléonor était pour tous un grand et heureux événement, car il n'y eut pas sur la place un seul passant qui ne s'arrêtât, la tête inclinée avec respect et le chapeau à la main. Plusieurs saluèrent à haute voix. Nos amis les gueux désertèrent leur poste en tumulte et vinrent jusqu'au devant du palais en poussant de joyeuses acclamations.

En un clin d'œil, il y eut au centre de la place un rassemblement nombreux. On savait que, suivant la dévote étiquette de sa famille, la duchesse mettrait pied à terre près de la borne de marbre qui marquait le milieu de la place. C'était là que le preux Alonzo Perez de Guzman, premier marquis de Tarifa, revenant de Terre-Sainte, avait sauté en bas de son cheval, pour marcher sur les genoux jusqu'au cœur de l'église où il avait versé entre les mains de Sébastien Mendez, vicaire de la foi, la somme qu'il fallait pour faire de la mosquée une basilique.

Depuis lors, tous les descendants du pieux marquis laissaient en ce lieu leur chaise ou leur monture.

La duchesse Eléonore et sa fille Isabel, toutes vêtues de noir et voilées, furent reçues au sortir de leur chaise par le portier majeur de Saint-Ildefonse et les deux hallebardiers de la Conciergerie. Encore fallut-il l'aide du seigneur Osorio, écuyer principal, et des Nuncz parés déjà de leur livrée, pour ouvrir un passage à la bonne duchesse au travers de l'enthousiasme général.

C'était à cause de tout cela que l'épée de Mendoze, lourde et forte, pesait sur l'élégante rapière du comte de Palomas.

— Tu n'en veux plus, l'ami? demanda ce dernier, qui avait eu trop d'occupation pour voir ce qui se passait en dehors du cercle des courtisans.

Au lieu de répondre, Mendoze se découvrit et salua jusqu'à terre. La charmante tête d'Isabel s'inclina doucement, mais c'était peut-être pour répondre aux acclamations de la foule.

— Seigneurs, dit Moncade, je ne sache personne parmi la grandesse d'Espagne qui ne soit parent ou allié de Medina-Cœli. S'il vous plait, chapeau bas !

Les courtisans se découvrirent, à l'exception de Narciso de Cordoue, qui attendait l'exemple du jeune comte de Palomas. Le chapeau de celui-ci resta sur sa tête.

— Vive Dieu ! s'écria-t-il, que ne me disiez-vous qu'il s'agissait de ma femme ? C'est à moi d'implorer la trêve, mon vaillant champion. Je ne manquerais pas pour cent onces d'or cette occasion de voir ma femme !

Il sauta sur un tabouret et de là sur la table.

En ce moment, la femme et la fille de Medina-Cœli marchaient vers le perron entre deux haies. Derrière elles venait Osorio, qui, tenant à la main une large bourse brodée, distribuait des aumônes.

— Sur mon honneur, dit Palomas, ma femme est belle !

Un silence s'était fait par hasard. La duchesse Éléonor entendit et tourna la tête.

La toque emplumée de Narciso décrivit une courbe dans l'air et vint tomber aux pieds des deux dames.

Le gros homme se retourna furieux vers Moncade, qui avait encore la main levée.

— J'avais dit : chapeau bas ! prononça froidement celui-ci.

En même temps l'épée de Mendoze piquait le bord de la riche coiffure du comte de Palomas, qui se trouva malgré lui tête nue.

Narciso avait dégainé. Moncade lui dit :

— Nous ferons partie carrée, si tu veux.

Quant à Palomas, loin de s'irriter, il envoya aux dames un salut avec un baiser; puis, se tournant vers Mendoze :

— Grand merci, dit-il en riant. Décidément tu as une vocation de pédagogue. J'avais tort : on doit toujours saluer sa femme... et tu es un garçon de bon goût, car tu n'as point jeté mon feutre à terre pour le fouler aux pieds, comme cela se fait dans les comédies... Seigneurs, que dites-vous de la future comtesse de Palomas ?

— Elle est belle comme un ange ! répondirent Luna et Soto-Mayor.

Les dames étaient sous le porche de l'église. Palomas gagna le sol d'un bond, souple et gracieux. Il reprit son chapeau à la pointe de l'épée de Mendoze, et lui fit un signe de tête protecteur.

— Dépêchons, maintenant, dit-il ; je veux aller lui offrir l'eau bénite au sortir de la messe.

Narciso, décoiffé, se démenait comme un petit diable et disait aussi : — Dépêchons !

Mais il était malaisé désormais d'entamer un combat singulier sous ces arcades mauresques que la foule curieuse pressait de toutes parts. On avait vu les rapières hors du fourreau. Les gueux avaient parlé. Déjà le bruit se répandait que ce jeune inconnu, qui portait si fièrement son harnais de gentillâtre campagnard, allait se battre contre le neveu d'Olivarès pour défendre l'honneur de Medina-Coeli.

Palomas, toujours riant et de belle humeur, prit sans façon le bras de son adversaire en disant :

— Seigneur Mendoze, il ne s'agit plus d'une querelle d'enfants. Ce n'est pas à ma révérence que la ch.rmante Isabel a répondu. Parlez franc : vous êtes l'homme à la guitare et le mystérieux intrus qui a fait route avec la cavalcade ?

— Seigneur comte, répondit Ramiro, j'ai coutume de confier mes secrets seulement à mes amis.

— Et je ne prétends pas être du nombre. C'est très bien, seigneur Mendoze. Galfaros, ouvre-nous la porte de la cour des Castro.

Galfaros, nous le savons, était incapable de désobéir à un ordre du jeune comte de Palomas. Il s'élança en avant, le bonnet à la main, précédant tous ces chers seigneurs qui avaient bien le droit de s'entr'égorger dans son enclos, puisqu'ils étaient la véritable fortune de l'établissement. Nos courtisans traversèrent une galerie ornée à la mode orientale, où restaient encore les chaudes émanations de l'orgie nocturne. Sur des piles de coussins, deux ou trois femmes au costume éclatant étaient couchées. À terre se voyaient les instruments du concert que Ramiro avait entendu la nuit précédente dans le silence de la ville endormie : une guitare, une mandoline et des castagnettes.

Galfaros poussa une seconde porte. Un courant d'air frais, tout imprégné du parfum des orangers en fleurs, fit irruption dans la galerie. Au bout d'un péristyle de marbre bizarrement échantillonné, s'ouvrait la cour des Castro, ménagée sur l'emplacement des anciens bains du sérail.

Trois côtés des arcades de la cour des Castro,

qui entouraient jadis la piscine arabe, existaient encore avec leurs faisceaux de colonnettes surmontées de galeries à jour. Le troisième côté avait été mis à bas par le marquis de Tarifa. A la place s'élevait le monument appelé : « le Sépulcre. »

Un triple rang de cyprès le cachait presque entièrement aux regards.

Les gens de Séville disaient que les Castro étaient derrière ces cyprès, à dormir leur dernier sommeil.

Tout le reste du *patio* présentait à la vue, des objets gracieux et charmants qui contrastaient fort avec cette lugubre perspective. L'ancienne piscine fournissait au centre un jet d'eau copieux, dont les gerbes baignaient un groupe de bronze. C'étaient autour de riants massifs de plantes tropicales et de frais gazons, qui jamais ne perdaient leur verdure ; le long des arcades, trois allées d'orangers séculaires couraient, découpant les festons de leur riant feuillage sur les dentelles bariolées de la galerie moresque.

Il paraît que notre bon Ramire aimait le luxe et les belles choses sans les connaître, car ses narines s'enflèrent en traversant la galerie. Son regard ébloui parcourut le *patio*. Il eut un sourire.

— Fermez toutes les portes, ordonna le comte de Palomas.

On entendait, par dessus les murailles, les clameurs de la foule au dehors.

Le comte lâcha le bras de Mendoze et se dirigea vers un espace carré, ménagé dans le gazon, à gauche de la fontaine. C'était comme une aire bien battue où la terre franche n'avait pas une ride. On pouvait là se rencontrer quatre de front.

Narciso de Cordoue suivit son soleil, comme il appelait parfois le jeune comte de Palomas. Galfaros s'approcha respectueusement et demanda :

— Faut-il le maître chirurgien de Son Excellence ?

— Non, répondit Palomas ; il n'y aura point de blessés.

Et le gros Narciso ajouta d'un air sombre :

— Il n'y aura que des morts !

Galfaros se retira. Dès qu'il eut passé le seuil de la galerie, il se mit à courir de toute la vitesse de ses jambes. Ce n'était certes point pour aller chercher le maître chirurgien malgré la défense du comte de Palomas.

— Seigneurs, reprit celui-ci, je désire qu'il soit prêté une rapière à ce brave garçon ; la sienne est à deux fendants, et plus longue d'un demi-pied que la mienne.

Mendoze ficha aussitôt son épée dans le gazon. Une voix prononça tout bas derrière lui :

— N'avait-elle mieux à faire que cela ?

Il se tourna vivement. Son regard rencontra celui du marquis de Pescaire, fixé sur lui avec une expression véritablement étrange. On eût dit que le marquis cherchait à lire sur son visage le mot indéchiffrable d'une énigme.

Mendoze ouvrait la bouche pour interroger, lorsque s'éleva de nouveau la voix provocante du jeune comte.

— Donne-lui ton épée, Silva, disait-il ; la messe doit être commencée.

8.

— Et le temps passe, ajouta le marquis.

Ce dernier mot répondait précisément au vague remords de Mendoze, qui regrettait déjà son équipée.

— Bah! dit-il en saisissant la rapière que lui tendait don Julian de Silva, ce ne sera pas long désormais. En vous remerciant, seigneur! Voici un brillant joujou qui ne me fatiguera pas le poignet.

Il sauta dans l'espace réservé, et répondit galamment au salut que lui adressait le comte de Palomas. Don Narciso, l'épée à la main, appelait Moncade à grands cris. Celui-ci vint se placer auprès de Ramire. Les quatre épées se choquèrent en même temps.

Le comte de Palomas passait pour être un des meilleurs élèves de maître Herrera, et le gros Cordova avait des prétentions majeures au titre d'habile duelliste. La fortune, il faut le croire, les servit mal. Le gros Narciso fut désarmé à la première passe, et le comte, reculant par trois fois, toucha du talon l'herbe qui fermait l'enceinte derrière lui.

— Comte, dit Pescaire, pendant que Narciso confus ramassait son arme, maître Herrera ne reconnaîtrait pas sa riposte de pied ferme!

Palomas était pâle, la colère le prenait.

Ramire lui rendit du champ, et dit avec émotion :

— Seigneur, je n'ai jamais tué personne en duel. D'après ce que j'ai vu et entendu de vous, vous n'êtes pas prêt à paraître devant Dieu...

— As-tu pitié de moi, mon brave ? interrompit le jeune comte en ricanant.

Il lui porta en même temps, roide comme balle, un coup sur dégagement en pleine poitrine.

— A toi ! fit-il triomphant déjà.

Mais Ramire avait paré sur place, d'un simple temps de poignet. Il ne riposta point et reprit :

— Seigneur, je vous supplie de réfléchir. Je suis un inconnu pour vous, mais je prends l'engagement d'honneur de taire cette aventure. Tous ceux qui vous entourent sont vos amis : retirez seulement les paroles qui ont outragé la plus noble et la plus malheureuse des femmes...

— Joue ton jeu ! interrompit encore Palomas, qui essaya, sans résultat aucun, toute la série des feintes et entre-temps de maître Herrera.

— Vive Dieu ! s'écria Moncade ; il le joue assez bien, son jeu !... et son rôle aussi, ajouta-t-il plus bas.

Don Julian de Silva se pencha à l'oreille du jeune comte.

— Tu n'as rien à gagner avec celui-là, dit-il. Sur le terrain où nous sommes, ta vie est entre ses mains.

— C'est assez de folies, conseilla de son côté Soto-Mayor.

Palomas frappa du pied. Il écumait de rage. Il écarta d'un moulinet ses amis qui l'entouraient de trop près, et s'écria en s'adressant à Mendoze :

— Ma femme me payera ta dette, l'ami, et toutes celles de mes bons compagnons. Par la corbleu ! défends-la bien, puisque tu as le droit de la dé- défendre, car moi je serai sans miséricorde !

— Le temps passe, dit pour la seconde fois Moncade, qui était un peu en arrière de Ramire.

Celui-ci prit à pleine main ses cheveux qui lui couvraient le front. Son regard, que l'hésitation voilait naguère, éclata soudain comme un feu.

— A la bonne heure! fit le comte, qui se coucha sur ses jarrets et prit la garde napolitaine.

Narciso de Cordoue attaquait en même temps et s'escrimait comme un démon. Pescaire avait grand'peine à parer le déluge de bottes qui tombait sur lui.

Un bruit de pas précipités et de ferraille se fit dans la galerie voisine. Toute une escouade d'archers s'élançait à la fois par la porte brusquement ouverte.

— Vous témoignerez bien au seigneur régidor, disait maître Galfaros tout essoufflé de sa course, que c'est moi-même qui suis allé quérir main-forte!

— Bas les armes! au nom du roi! cria le premier sergent en franchissant le seuil de la cour des Castro.

Les petites danseuses, éveillées en sursaut, s'enfuyaient par les fenêtres.

Tous les archers faisaient irruption dans le *patio* en répétant :

— Bas les armes! seigneurs, bas les armes!

Mais il était trop tard. Le comte de Palomas était couché sur le gazon avec une estocade dans la poitrine, et Narciso de Cordoue gisait évanoui sur le sable.

Au moment où Palomas tombait, Moncade avait

donné du plat de son épée sur le crâne du gros Narciso en disant :

— Celui-ci nous gênerait.

Puis, saisissant par le bras Mendoze, tout étourdi de la chute de son adversaire, il l'avait entraîné derrière les orangers, pendant que les courtisans s'empressaient autour du jeune comte de Palomas. En suivant le cloître, et abrités qu'ils étaient par le feuillage des arbustes, les deux fugitifs avaient pu gagner le massif épais au centre duquel s'élevait le Sépulcre.

De là ils pouvaient entendre les clameurs des archers demandant à grands cris le meurtrier du comte de Palomas.

— Qu'on garde toutes les issues! ordonnait le chef de l'escouade.

Moncade s'arrêta au bord du massif. Pour sortir de là il fallait traverser un espace découvert.

— Seigneur! dit-il à Mendoze, je vous sauverai ou je perdrai mon nom.

— Qu'ai-je donc fait pour mériter l'amitié d'un homme tel que vous, seigneur? demanda Ramire, cédant à son étonnement, malgré le grand péril qui le pressait de toutes parts.

Moncade tourna vers lui ce regard singulier et inexplicable qui avait déjà causé tant de surprise à notre jeune bachelier.

Moncade montra du doigt la branche de myrte, déjà desséchée qui ornait le sombrero de Mendoze.

Et, au lieu de répondre :

— En avant! s'écria-t-il, nous nous expliquerons plus tard. Suivez-moi seulement, seigneur Mendoze ; où je passerai, passez !

Ils s'élancèrent tous deux en même temps,
— Sus! sus! s'écria le chef des archers, dès qu'ils eurent franchi la limite des cyprès.

L'escouade entière se précipita à leur poursuite.

L'établissement du seigneur Galfaros n'avait point d'issue du côté de l'ouest, où était situé le Sépulcre. C'eût été folie que d'essayer le passage de la galerie où restaient des sentinelles. Le dessein de Moncade était de pénétrer dans le propre logis de maître Galfaros, qui avait une sortie sur le parvis de Saint-Ildefonse. Il connaissait les êtres. Après avoir jeté la porte d'un coup de pied, car il ne s'agissait pas de s'attarder à ouvrir les serrures, — les archers étaient littéralement sur les talons des fugitifs, — après, disons-nous, avoir jeté bas la porte, Moncade s'engagea tête baissée dans le logis privé de Galfaros. Il le traversa en ligne directe, ne répondant mot aux cris épouvantés des servantes, qui fuyaient devant ces deux hommes tenant encore à la main leurs épées nues. La barre était mise à la porte donnant sur le parvis ; Moncade et Mendoze sautèrent par la fenêtre du rez-de-chaussée.

Mais l'alarme avait été donnée. Les alguazils et les archers grouillaient déjà dans la foule. Moncade repoussa, l'épée haute, les premiers qui se présentèrent, et s'ouvrit un passage jusqu'au perron où étaient les gueux.

Il y eut une scène de tumulte. La foule gênait les gens de l'hermandad, et cependant la foule criait tant qu'elle pouvait, comme elle entendait crier les archers :

— Sus ! sus au meurtrier du comte de Palomas !
— Arrêtez celui qui a tué le neveu de Sa Grâce, le comte-duc d'Olivarès !

Moncade se retourna. Mendoze était auprès de lui. Une douzaine de pas les séparait de la force armée.

— Vieux siècle, dit le marquis à notre ami Picaros, ne vas-tu point nous donner un coup d'épaule ?

— Oh ! oh ! fit Gabacho, c'est notre dormeur de ce matin.

— A la rescousse, ô mes amis ! s'écria le centenaire ; nous n'avons pas encore digéré le déjeuner de Pescaire !

La jeune école était déjà en besogne. Domingo s'était jeté au devant du premier alguazil en criant d'une voix lamentable :

— Voulez-vous achever un agonisant ?

Il avait une aune d'envergure, cet agonisant !

Escaramujo barra le passage à deux hallebardiers à l'aide d'une furieuse attaque d'épilepsie. Raspadillo, poussant de rauques hurlements, se pendit au cou d'un archer. Mazapan, roulant comme un vaisseau battu par la tempête, embarrassa ses béquilles dans le harnais de l'alferez. Quant au fretin, Maravedi, Cornejo et les autres, ils firent des prodiges dans les jambes de l'hermandad.

La vieille école, pendant cela, se formait en bataillon sacré sur les marches du perron, étageant ses effrayantes infirmités comme les marchands superposent leurs marchandises à l'étalage.

Et c'étaient en même temps des plaintes déchirantes, des râles d'agonie, des cris si poignants et si perçants que la foule se bouchait les oreilles.

Au milieu de ce tumulte, dont nulle description ne saurait donner l'idée, Moncade et Mendoze gagnèrent la porte de l'église. Moncade longea le bas-côté oriental et ressortit par la poterne de la Mère-de-Dieu.

On chantait la grand'messe. Mendoze put voir à l'entrée du chœur le profil perdu d'Isabel agenouillée.

La poterne donnait sur une rue étroite. Moncade la suivit au pas de course et ne s'arrêta que devant la façade d'un palais de noble apparence, situé à l'angle de la place de Tous-les-Saints.

— Veuillez entrer, seigneur Mendoze, dit-il en se découvrant près du seuil; vous êtes en sûreté, car c'est ici la maison de mon père.

Il parla bas à un vieux serviteur, qui se plaça aussitôt, l'espingole au poing, à l'entrée du vestibule.

La place et les rues environnantes étaient du reste tranquilles. On n'avait sans doute pas encore trouvé la trace des deux fugitifs.

Mendoze monta, en compagnie du marquis, le large escalier gothique qui desservait cette antique demeure. Il fut introduit dans un vaste corps de logis donnant sur d'immenses jardins, qui contenait les appartements privés du jeune marquis de Pescairo.

Celui-ci ferma la porte à double tour.

Cela fait, il se mit en face de Mendoze et lui demanda brusquement :

— Don Luiz est-il mort ou vivant?

Il y avait déjà du temps que Ramire attribuait à un malentendu la singulière conduite du marquis de Pescaire.

— Seigneur, lui répondit-il, dussiez-vous m'abandonner à ceux qui me poursuivent, je ne peux pas prolonger davantage votre erreur. Je suis Ramire de Mendoze, fils d'un honnête gentilhomme des environs de Placentia, dans la province d'Estramadure. Je n'ai jamais porté d'autre nom. Mon pauvre costume n'est pas un déguisement. Je sais au pays d'où je viens plusieurs hidalgos du nom de don Luiz, mais aucun n'est de ma connaissance.

Moncade souriait en le regardant. Il toucha du doigt la branche de myrte qui était passée dans le cordon du sombrero de Mendoze.

— Et sans doute, prononça-t-il tout bas avec un peu de sarcasme dans l'accent, vous avez mis cette branche à votre chapeau par hasard?

Mendoze rougit et ne répondit point.

— Dans l'Estramadure, reprit Pescaire, toujours railleur, c'est peut-être la mode de mettre ainsi un rameau au lieu de panache?

— Seigneur, répliqua enfin Mendoze, j'ai oui dire que les gentilshommes de notre pays ont parfois cette fierté mal placée de mentir pour dissimuler leur indigence. A l'effort que je suis obligé de faire, je sens que cette vaine gloriole peut bien exister en moi pour un peu. Cependant je n'y céderai point, seigneur, et je vais vous dire la chose telle qu'elle est. A la place de la plume usée, il y avait un trou au feutre de mon sombrero. J'ai jeté la plume qui avait fini son service, et pour cacher le trou, j'ai mis la branche.

Tout en parlant, il s'était découvert et montrait son feutre comme preuve à l'appui.

— Par le Dieu vivant! s'écria Moncade avec admiration, voilà un habile homme!

Il tourna le dos et se mit à parcourir la chambre à grands pas.

— Mon compagnon, dit-il tout à coup en revenant vers Mendoze, votre discrétion est louable, et je n'ai point à m'en formaliser. Ayons pour entendu que vous êtes don Ramire de Mendoze, fils d'un honnête gentilhomme des environs de Placentia; admettons également que vous avez pris fait et cause à tout hasard pour la fille de Medina-Celi contre le neveu d'Olivarès; laissons de côté la branche de myrte et faisons trève aux questions qui, de l'humeur dont je vous vois, n'auraient point de réponse; il n'en reste pas moins certain que vous avez une méchante affaire sur les bras, et que vous n'êtes pas venu à Séville pour cueillir des oranges.

— Non, seigneur, repartit vivement le jeune bachelier; ou tout au moins si je suis venu à Séville sans but bien arrêté, j'y ai trouvé un devoir à remplir.

— Avez-vous déjà communiqué avec quelqu'un?

— Je n'ai parlé à personne qu'au comte de Palomas, seigneur.

Moncade secoua la tête lentement.

Sans plus rien dire, il passa dans la pièce voisine et en rapporta un costume complet de cavalier. Par la porte ouverte, une sourde rumeur commençait à monter dans la rue.

— S'il vous plaît de changer d'habits, reprit Moncade, je serai votre chambellan.

— Pourquoi changer d'habits? demanda Mendoze.

Le marquis fit un mouvement d'impatience. Il entraîna son compagnon dans la garde-robe dont la fenêtre s'ouvrait sur la place de Tous-les-Saints. Au travers des jalousies baissées, les paroles passaient distinctement.

— Un justaucorps de buffle, disait-on.

— Un manteau de gueux...

— Un sombrero en lambeaux...

— Je vous comprends, seigneur, fit Mendoze. Sous les habits que je porte, je serais reconnu.

— Sur mon honneur! s'écria Pescaire, vous n'avez qu'un défaut, mon maître, c'est de pousser l'art du comédien jusqu'à ses dernières limites. Voyons, à la besogne.

Mendoze restait devant lui, rouge et les yeux baissés.

— Voyons! répéta Pescaire.

— Seigneur, dit le jeune bachelier avec embarras et chagrin, j'ai la certitude que je profite ici d'une erreur. Je dois vous avouer que je n'ai aucun moyen de vous témoigner ma reconnaissance.

— Payer mes habits, vous voulez dire? reprit Pescaire en riant. Allons! il faut vous prendre tel que vous êtes... Vous me les devrez, seigneur Mendoze.

— Si un autre intérêt que le mien n'était pas en jeu, seigneur marquis...

— Vous êtes fier, voilà une chose convenue. Mes habits valent, je suppose, dix pistoles ; seigneur Mendoze, vous êtes mon débiteur de dix pistoles. La reconnaissance n'a rien à faire là-dedans.

Le jeune bachelier lui tendit la main d'un mouvement involontaire et serra la sienne avec émotion.

— Est-ce bien à Ramire de Mendoze que vous rendez service ? demanda-t-il.

— De tout cœur, mon jeune compagnon!

La toilette fut beaucoup moins longue que la discussion préliminaire. En trois minutes, Mendoze fut habillé de pied en cap. Sous ces nouveaux vêtements il avait une si noble et si gracieuse tournure, que Moncade ne put s'empêcher de lui dire en souriant :

— Seigneur Mendoze, ce déguisement vous sied comme si vous l'aviez porté toute votre vie. N'avez-vous aucun papier dans votre ancien harnais ?

— Aucun, seigneur.

— Désirez-vous aussi changer d'épée

— A Dieu ne plaise! répondit vivement le jeune bachelier : celle-ci me vient de mon père.

Moncade appela un de ses valets et lui dit :

— Ruy, mon cheval de main à la poterne !

Au dehors, la rumeur augmentait.

— Ils vont demander l'entrée du palais, reprit Moncade ; il est temps de nous séparer : venez.

Tous deux gagnèrent les jardins par un escalier

dérobé. Au bout du jardin une porte s'ouvrait sur la rue de l'Amour-de-Dieu. Moncade mit la clef dans la serrure. Avant de chasser le pêne, il demanda :

— Connaissez-vous la ville?
— En aucune façon, répondit Mendoze.
— Où voulez-vous aller?
— Hors des murs.
— Par quelle porte vous plaît-il de sortir de l'enceinte?
— Par la porte qui mène à Alcala de Guadaira, repartit Mendoze.

Moncade, qui avait donné déjà un tour à la serrure, lâcha la clef et mit sa main sur l'épaule du jeune bachelier.

— Alcala de Guadaira! répéta-t-il lentement.

Puis le couvrant d'un regard fixe et perçant, il ajouta très bas :

— Sauriez-vous me dire ce qu'il y a autour des trois éperons d'or, sur l'écusson d'azur?

Mendoze recula. Il porta la main à sa poitrine.

— Vous avez vu... commença-t-il.

Mais il se souvint que sa chemise fermée couvrait le médaillon de la morte.

Moncade le regardait toujours.

— Au nom de Dieu et de la Vierge, dit-il seulement, répondez !

— Il y a, balbutia Ramire, *Para aguijar a haron*.

Moncade le prit dans ses bras et lui donna l'accolade par trois fois.

— Frère, prononça-t-il avec lenteur, que le ciel

te protège ! ton secret est sans doute pour ceux qui le méritent mieux que moi.

La poterne roula sur ses gonds. Ruy attendait avec un beau cheval tout sellé. Moncade pressa une dernière fois les mains de Ramiro de plus en plus ébahi, et commanda au valet :

— Conduis ce gentilhomme jusqu'à la Puerta Real !

VIII

TROIS HOMMES D'ÉTAT

C'était dans la galerie d'Alliazan ou mieux d'Ali-Hassan, à l'Alcazar de Séville. Les derniers souffles de la brise matinière faisaient voltiger encore les draperies légères et incessamment mouillées qui protégeaient l'appartement ministériel contre le soleil de midi. Le ministre favori occupait en effet, pendant le séjour du roi dans la capitale de l'Andalousie, cette partie du palais connue sous le nom des galeries et salles d'Alliazan.

L'heure redoutée de la méridienne approchait. Les pompes envoyaient aux draperies l'eau fraîche et parfumée ; mais, malgré leur effort, l'air allait s'échauffant et s'alourdissant. Déjà les oiseaux avaient cessé leur ramage sous les lenstiques de la cour des Marionnettes, et ces voiles légers qui, tout à l'heure, flottaient à la brise, ne soulevaient plus qu'avec peine leurs plis appesantis et paresseux.

La partialité des bonnes gens de Séville ne va pas jusqu'à comparer l'Alcazar à l'Alhambra, mais les habitants de la très noble et très loyale cité, amis effrénés des locutions proverbiales, se consolent en disant : « Si l'Alhambra n'existait pas, l'Alcazar serait la merveille du monde ».

La salle où nous entrons était grande et haute, ouverte des deux côtés au nord et au midi, sur les jardins du roi et sur la cour des Marionnettes. Rien n'avait été changé dans sa décoration moresque. Chaque fenêtre ou arcade, en forme d'ogive à cœur, colorait ses festons d'un jaune vif où couraient des vermiculaires bleu foncé. A l'intérieur c'était un système d'arabesques, bleu sur noir, qui s'égaraient en mille jeux, sur un fond brouillé de feuillages et de fleurs.

Par les arcades du midi on découvrait les parterres avec leurs longues perspectives d'eau jaillissantes, éparpillant au soleil l'or et les diamants de leurs gerbes, parmi les bosquets d'orangers, de cédrats, de bigaradiers et de lauriers, dont les molles émanations enivraient l'air. Par les ogives du nord, l'œil suivait le profil des galeries occidentales et embrassait dans leur féérique ensemble toutes les audaces de cette architecture qui est un poëme ou un rêve.

Quelque chose cependant gâtait la fantastique et splendide harmonie de ces aspects. Au centre de la cour, à la place où naguère le grand jet d'eau s'élançait de son bassin de porphyre, estimé par Garcia au prix d'une province, une lourde statue, blanche et neuve, se dressait sur son piédestal de marbre gris. C'était Philippe IV, à cheval, comme on pouvait le voir à l'inscription latine gravée en lettres d'or sur le socle et qui portait :

PHILIPPO MAGNO

Il était grand décidément, de par son favori, ce pauvre roi battu sur toutes les coutures !

Onze heures venaient de sonner au carillon de la cathédrale. Dans l'angle de la dernière ogive, du côté du nord, deux hommes étaient réunis. Derrière eux, une armée de valets achevaient d'arroser le péristyle de la galerie principale qui rejoignait l'oratoire et les appartements du roi. Un énorme paravent de lampas isolait nos deux personnages et les plaçait dans une sorte de cabinet clos des trois côtés.

C'était un vieillard à barbe blanche et un homme d'âge viril dont le front basané disparaissait presque sous une forêt de cheveux noirs, tressés et roulés dans une chaîne d'or.

Le vieillard se tenait debout, droit et roide. Il y avait en lui je ne sais quels tressaillements frileux, malgré la chaleur qui devenait accablante. Sa physionomie, en dépit de son grand front chauve et de la coupe austère de sa barbe, avait une sorte de débonnaireté sénile. Sa main tremblotante s'appuyait sur une haute canne d'ébène. Il portait sur son pourpoint noir le cordon majeur de la Toison d'or, rouge en mémoire du martyre de Saint-André. Au cordon, selon la règle, pendait le mouton d'or à la sous-ventrière émaillée.

L'autre était assis devant une table couverte de livres à la reliure antique, et la plupart chargés de lourds fermoirs de métal. En face de lui était un parchemin déroulé, couvert d'écriture arabe ; en marge on voyait de longues colonnes de chiffres.

Celui-là était beau, bien que sa physionomie eût une expression de ruse sauvage. Il y avait quelque chose du type maure dans l'ensemble de sa personne : front haut et caractérisé fortement, pommettes saillantes, nez hardiment relié aux arcades sourcillières, lèvres minces et finement arrêtées, menton pointu, mais vigoureux, cou long, attaché de biais entre deux épaules robustes.

Auprès de cet homme, il y avait un turban de laine transparente et douce. Son costume était riche et gracieux autant que celui du vieillard se montrait austère et sombre.

Vous n'eussiez trouvé, du reste, aucune espèce de ressemblance entre l'accoutrement de ce vieux seigneur, qui semblait un vivant portrait de Velasquez, et la toilette sémillante de nos courtisans du Sépulcre. Ceux-ci singeaient le débraillé français, celui-là se cramponnait à l'ancienne roideur castillane. Il y avait un siècle entre eux deux.

Ce vieux seigneur, souriant tout doucement dans son immense fraise empesée, comme la tête de Saint-Jean Baptiste pleurait dans son plat, ce vieux seigneur n'était autre que l'oncle maternel du ministre favori du roi. Il avait nom Bernard de

9.

Zuniga. Il était, depuis seize ans, président des conseils de Sa Majesté Catholique.

Il était né en 1560, et avait par conséquent quatre-vingt-deux ans à l'époque où se passe notre histoire. La seule passion qui eût résisté chez lui aux atteintes du grand âge se résumait en ceci : garder son titre de premier ministre.

Nous disons à dessein son titre, car son neveu gouvernait de fait depuis plus de douze ans. Son compagnon, à la figure intelligente et farouche, était un Maure de Tanger, sorcier de son métier, et connu sous le nom de Moghrab.

Moghrab était à la fois le médecin, l'augure et le confident du respectable Bernard de Zuniga.

Moghrab ne se gênait pas du tout pour lire dans les astres. Il devinait la destinée sur la seule inspection de la main. Ses ancêtres, qui étaient d'illustres sorciers, lui avaient transmis la science des nombres, et Séville tout entier aurait pu témoigner qu'il connaissait l'art de prédire les éclipses.

Sans le vénérable Zuniga, son patron, Moghrab eût fait depuis longtemps connaissance avec le bûcher.

Il avait une plume à la main et traçait des chiffres sur la marge de son manuscrit, avec une prestesse incroyable.

— Toujours le même résultat! dit-il enfin en lâchant la plume avec fatigue ; le premier calcul était bon.

— Tu n'as pas voulu encore me faire part de ta découverte, Moghrab, mon savant ami, répliqua le vieux ministre d'un ton caressant.

Le Maure tourna vers lui ses yeux longs, voilés à demi par de larges paupières.

— Les réponses du livre des destinées sont parfois si étranges, prononça-t-il entre ses dents, qu'on hésite à les divulguer.

Puis, laissant peser sur ses deux mains ouvertes son front qui semblait languir, il ajouta :

— Seigneur, allez voir si personne n'est à portée de nous entendre.

Le premier ministre de Philippe IV, sans se formaliser aucunement de cette injonction familière, mit ses jambes maigres en mouvement et, s'aidant de sa canne, fit le tour du paravent. Les valets arroseurs avaient presque achevé leur besogne. Ils étaient à l'autre extrémité de la galerie principale.

— Il n'y a personne, ami Moghrab, absolument personne, dit le vieux seigneur derrière le paravent. Mais je vais te rassurer tout à fait. Diego!

A l'appel de ce nom, l'un des valets accourut.

— Qu'une sentinelle soit posée à l'instant à la grand'porte de la galerie! ordonna don Bernard de Zuniga; défense d'entrer : on travaille ici pour le service du roi.

Le valet s'inclina et se retira.

De l'autre côté du paravent, Moghrab s'était renversé la tête sur le dossier de son fauteuil, et montrait la double rangée de ces dents blanches en un sourire moqueur.

Don Bernard de Zuniga revint, manœuvrant tout d'une pièce ses deux jambes et sa canne, aussi longues, aussi roides les unes que les autres.

Quand il doubla le paravent, Moghrab dardait au plafond son regard inspiré.

— Que Votre Seigneurie m'interroge, dit-il d'une voix sourde : je répondrai.

— Mon neveu ! s'écria don Bernard, mon neveu d'abord, que j'aime cent fois, mille fois plus que moi-même ! mon neveu Olivarès, l'honneur de notre maison et la gloire de l'Espagne !

— Votre neveu est menacé, répliqua froidement le sorcier.

— De quoi ? de mort ?

— Pour les favoris, seigneur, la chute amène la mort.

— C'est vrai cela ! c'est vrai ! s'écria le vieillard, qui ne parut pas autrement affecté du malheur prédit à son neveu, l'honneur de sa maison, et qu'il aimait mille fois plus que lui-même ; quiconque a possédé le pouvoir... Mais explique-toi, Moghrab, trésor de science et de sagesse. Tu crois que mon illustre neveu tombera ?

— J'en suis sûr, répondit le Maure.

— Tes calculs te l'ont dit ?

— En toutes lettres. Ma dernière équation réduite et l'inconnue dégagée ne peuvent laisser absolument aucun doute à ce sujet.

— Et ce ne serait pas une disgrâce passagère ?

— La disgrâce du comte-duc ne finira qu'avec sa vie.

Le vieux ministre prit un siège et s'assit. Il était triste.

— Ce que c'est que nous ! murmura-t-il ; mais faut-il exprimer ma pensée sans détour ? On le peut avec toi, Moghrab ; tu es fidèle comme l'acier.

Et d'ailleurs, quand on ne dit pas la vérité, tu la devines. Eh bien ! Moghrab, vois-tu, mon cher neveu n'était pas tout à fait à la hauteur de sa fortune politique. C'est un esprit sérieux, mais un peu étroit. Son instruction est celle d'un pédant, non point d'un homme d'État. Ce que vous appelez sa fermeté, vous autres, c'est tout uniment de l'obstination. On ne gouverne pas les empires avec du grec et du latin, mon ami Moghrab. Moi, qui te parle, je ne sais ni le latin ni le grec.

Tu m'entends bien, reprit-il avec une sorte d'effroi ; cela n'empêche pas mon neveu d'avoir beaucoup de génie. En somme, il n'est pas encore renversé ; mais, entre nous, sa disgrâce m'affligera plus qu'elle ne m'étonnera. Sais-tu le nom de son successeur, Moghrab ?

Ceci fut demandé d'un ton confidentiel, et don Bernard de Zuniga rapprocha son fauteuil.

Moghrab laissa voir sur son visage cette lassitude ennuyée des oracles.

— Ne vous l'ai-je pas dit déjà deux fois, seigneur ? répliqua-t-il.

— Tu m'as donné deux logogriphes à deviner, mon savant prophète, repartit le ministre ; les sibylles de l'antiquité ne répondaient jamais autrement, je sais cela... mais je veux les points sur les *i* pour une affaire de cette importance...

— Seigneur, je ne puis que vous répéter ce que par deux fois je vous ai dit : Le successeur du comte-duc a dans son nom toutes les lettres du mot paresseux (*haron*) moins une.

— Haro ! s'écria don Bernard, vois si je suis habile à deviner !

— Je ne vois pas d'autres noms qu'on puisse former avec ces quatre lettres : A. H. O. R., prononça gravement le Maure.

— Voyons ! fit don Bernard qui trempa la plume dans l'encre, Ahor, ce n'est pas un nom; Hora, c'est un mot latin : Raho, Roha... Haron ; mais il manque l'n pour notre affaire. Haro ! je ne vois que Haro. Tu es bien sûr de tes lettres !

— 209, chiffra Moghrab, 723, 19, 3894, tels sont les résultats fixes et invariables de toutes mes équations.

— Et cela signifie Haro, mon savant prophète ?

— Cela signifie A. H. O. R., dans l'état actuel du système astral.

— Demain ces lettres seraient donc représentées par d'autres nombres ?

— Assurément, répondit Moghrab qui ne cacha point son dédaigneux sourire.

— Et hier ?

— Hier, nous avions 206, 737, 18 1/2, 3,100...

— Et ces nombres différents désignaient ?...

— Toujours A. H. O. R.

Le vieux ministre pressa ses tempes dépouillées à deux mains.

— Quelle science ! s'écria-t-il terrassé par son admiration ; quelle science !

Moghrab ferma les yeux et prit l'attitude de la contemplation. Don Bernard jetait sur lui des œillades qui n'étaient pas exemptes d'effroi. Tout à coup son front se dérida.

— Grâce au ciel, dit-il en se parlant à lui-même, je suis aussi l'oncle des Haro. J'ai payé deux fois les dettes de ce jeune et cher neveu don Juan...

avec l'argent de Sa Majesté, il est vrai, mais enfin c'est moi qui ai signé l'ordonnance. Tu penses bien qu'il s'agit de don Juan, comte de Palomas, mon neveu, n'est-ce pas, Moghrab ?

— Je n'en sais rien, répondit sèchement celui-ci.

— Ne peux-tu le savoir ?

— Par le calcul, si fait.

— Alors, calcule, mon savant ami !

Moghrab secoua la tête.

— J'ai mis trois mois, dit-il, à trouver les quatre lettres du nom de Haro.

— Trois mois ! trois mois ! grommela don Bernard ; c'est du temps ! D'ici là, que d'eau coulera sous le pont du Guadalquivir ! Et, chemin faisant, tu n'as rien trouvé pour le nom de baptême ?

— Je sais, répondit le Maure, qu'il se compose de quatre lettres comme le nom de famille.

— Juan ! s'écria le vieillard en se levant ; quatre lettres ! c'est assez clair, je pense ! Vierge sainte ! Ce Pedro Gil est un honnête homme ! Mon neveu se souviendra que j'ai signé le brevet qui l'a fait comte de Palomas. Et ce mariage ! Vive Dieu ! Pedro Gil vaut son pesant d'or ! Il n'est pas dans toute l'Espagne un parti semblable. Et mon neveu Juan ne sait pas encore qu'il sera ministre. Je crois, à vrai dire, que le cher enfant ne sait rien faire de ses dix doigts ni de sa tête... mais la place de premier ministre donne incontestablement du génie. Je lui en ferai, du génie, pourvu qu'il me laisse l'expédition des affaires. On fait tout ce qu'on veut. On a bien fait un grand prince avec...

Il s'arrêta. Son regard était fixé sur l'inscription latine de la statue de Philippe IV.

Moghrab dit :

— Juan a quatre lettres, c'est vrai, mais Blas aussi, aussi Elia, aussi José, Léon, Luiz, Luca, Oton : et il y a en Espagne autant de Haro que de pommes d'or à cet arbre.

Son doigt désignait, dans la cour des Marionnettes, un oranger énorme qui ployait sous la charge de ses fruits.

Trois coups discrets furent frappés à une petite porte dérobée qui se trouvait dans l'enceinte même formée par le paravent. Moghrab fit disparaitre le parchemin chargé de grimoires et le remplaça par un immense cahier, en tête duquel étaient tracés les mots : GRACES DU ROI. Don Bernard ouvrit la petite porte. Deux nouveaux portraits de famille, à fraise et à haut-de-chausses du temps de Philippe II, se montrèrent au seuil.

Leurs regards se fixèrent tout de suite sur l'Africain Moghrab, qui baissa les yeux et prit un air impassible.

— Bonnes nouvelles! s'écria don Bernard en les voyant; mes très chers cousins, bonnes nouvelles!

Les nouveaux venus avaient des figures d'une aune. L'un d'eux était un tout petit homme d'une maigreur extraordinaire, mais droit comme une règle et vif en ces mouvements; il ressemblait à don Bernard comme une réduction rappelle un tableau : c'était don Baltazar de Zuniga y Alcoy, président de l'audience de Séville; l'autre avait, pour un Espagnol, de très honorables mollets et une prestance assez ronde. Vous l'eussiez pris plutôt pour un bourgmestre flamand que pour un homme de guerre, fils des preux de Castille. Il s'appelait don Pascual de Haro, marquis de Jumilla, et commandait les gardes du roi.

Don Balthazar avait l'honneur d'être le beau-père du comte-duc, qui ne l'aimait point.

Nos trois seigneurs se donnèrent l'accolade, savoir : don Bernard radieux, les deux nouveaux venus la détresse peinte sur le visage. Avant qu'ils eussent pu échanger une parole, la hallebarde du miquelet en faction au bout de la galerie sonna sur la mosaïque, et la grande porte s'ouvrit à deux battants avec fracas.

— Sa Grâce, mon neveu! dit don Bernard, qui étala plusieurs décrets en vue sur la table.

— Pas un mot! ajouta don Balthazar de Alcoy en mettant un doigt sur sa bouche.

Ils vinrent se ranger en haie tous les trois sous l'arcade qui joignait la salle à la galerie.

Le favori du roi traversait déjà celle-ci, précédé par son huissier et ses gardes, suivi par son page, qui portait son livre d'heures.

C'était un homme de moyenne taille, les épaules un peu hautes et le cou vigoureusement emmanché. Son pourpoint de velours noir à taillades ne dissimulait point, malgré son ampleur, une légère déviation des muscles dorsaux ; les jambes étaient espagnoles dans la force du terme : genoux prononcés, tibias tranchants comme l'arête d'un prisme. La tête avait de la noblesse et s'encadrait bien entre deux belles masses de cheveux noirs qui commençaient à peine à grisonner.

Mais l'œil était ardent, inquiet, fiévreux. L'inflammation des paupières contrastait avec la pâleur presque livide de la face. Cet homme devait souffrir d'une maladie cruelle ou d'une passion plus cruelle que la maladie.

Il marchait d'un pas solennel et en quelque sorte rythmé. La marche de son escorte se réglait sur la sienne, ce qui donnait à son passage l'apparence d'une procession.

Nos trois seigneurs, à première vue, semblaient ne pas pouvoir plier sans se casser. A l'approche du favori, vous les eussiez vus cependant s'incliner tous les trois comme si leur colonne vertébrale eût été de baleine ou d'osier.

— Bonjour, bonjour, fit le comte-duc en saluant de la main seulement; que Dieu garde vos seigneuries! J'étais au banc du roi à la cathédrale; le roi a pris de mon eau bénite. Le roi est en bonne humeur; il m'a parlé de tous mes amis : que Dieu bénisse Sa Majesté, seigneurs!

Don Bernard et ses compagnons s'étaient redressés. Ils firent de nouveau le plongeon.

— Oserai-je prier mon illustre neveu de me fournir des nouvelles de sa santé précieuse? demanda don Bernard.

— Solide comme un chêne, notre oncle, répondit le comte-duc; le roi m'a donné deux fois la main.

— Ma fille Inès, la noble duchesse?... commença don Balthazar en avançant d'un pas.

— Bien, bien, seigneur de Zuniga y Alcoy, interrompit Olivarès en reculant d'une distance égale; nous n'avons pas oublié que nous sommes

votre gendre. Le roi a été charmant... charmant !
Par le saint Calvaire ! nos perfides ennemis verront avant peu ce que nous valons.

Son œil avait des éclats sombres parmi l'étrange pâleur de ses joues.

Par un geste qui lui était familier, il porta jusqu'à ses dents l'insigne de la Toison d'or qui pendait sur sa poitrine et mordilla le métal.

— Mon oncle, reprit-il, je suis bien aise de vous trouver en compagnie de ces dignes seigneurs. Vous vous occupez des affaires de l'Espagne. Ainsi font, je l'espère, tous ceux qui tiennent de près ou de loin à mon administration. Il sera parlé dans l'histoire de la manière dont nous avons tenu le pouvoir au milieu des circonstances les plus difficiles. Tout va bien, très bien. La France et l'Angleterre ont peur de nous. La dérisoire équipée de Lisbonne, qui a fait un roi nain, nous a valu plus de deux cents millions de réaux de confiscations. Le roi est content, le roi est charmant, jamais le roi ne pourra se passer de moi. Je vous salue, seigneurs.

Pendant qu'il parlait, son regard inquiet et perçant interrogeait toutes les physionomies. Avant de continuer son chemin, il dit :

— Je vais, moi aussi, m'occuper des affaires publiques.

Puis revenant après quelques pas, il saisit brusquement don Bernard par le revers de son pourpoint :

— Jour et nuit, dit-il tout bas avec une maladive volubilité, je travaille jour et nuit... notre oncle, vous verrez ! c'est bardé de citations latines savamment appropriées! Mes misérables ennemis se traîneront dans la poussière à mes pieds. Il y a déjà trois cents pages in-folio ; c'est intitulé : *Nicandro ó antidoto contra las calomnias...* comprenez-vous? Nicandro. Ce nom signifie vainqueur des hommes, c'est moi : antidote contre les calomnies... vous verrez, notre oncle, vous verrez ! Seigneurs, le roi est grand !

Les hallebardes sonnèrent sur les dalles. La procession recommença. Le favori, roide et hautain, reprenait sa marche solennelle. Il disparut avec sa suite par la porte du fond, donnant entrée dans ses appartements privés.

— Comment le roi ne serait-il pas grand? dit tout bas l'étique et basset président de l'audience au robuste commandant des gardes : voici l'un de ses deux ministres qui a passé toute sa matinée avec un diseur de bonne aventure, et l'autre qui travaille nuit et jour à un pamplet. Richelieu et Buckingham n'ont qu'à se bien garer!

Le commandant eut un gros rire.

— Je m'aperçois bien que vous raillez, Alcoy! dit-il ; ah! ah! oui, oui. Tenons-nous bien nous deux, et nous arriverons. Avez-vous causé avec ce Moghrab?

— Ce matin même, répondit le président de l'audience; mais, chut! voici Saturne qui revient.

Les rieurs, à la cour d'Espagne, avaient donné des surnoms aux deux ministres de Sa Majesté Catholique. En mémoire de la grande révolution mythologique qui avait forcé autrefois l'aïeul des dieux à abdiquer le pouvoir en faveur de son fils, ils appelaient l'oncle Saturne et le neveu Jupin.

Le vieux Bernard de Zuniga avait fait quelques pas à la conduite de son neveu. En revenant, il grommelait avec compassion :

— Un homme d'État s'occuper de semblables misères ! Seigneurs, interrompit-il, que je vous fasse part de mes nouvelles : Notre neveu de Palomas est notre arche de salut, décidément...

Don Pascual l'arrêta court en disant :

— A l'heure qu'il est, notre neveu de Palomas a sans doute rendu le dernier soupir.

Don Bernard tressaillit comme s'il eût reçu un choc en pleine poitrine.

Puis, saisi d'une de ces puériles colères qui le prenaient à l'improviste, il s'élança derrière le paravent pour faire une querelle à Moghrab, son prophète.

Mais Moghrab avait disparu.

— Ah ! l'imposteur ! disait cependant le vieux ministre, 209... 723... 192... et que sais-je, moi ? Combien de semaines a-t-il été à trouver ces nombres ? Et je le paye, moi, avec de l'argent loyal et royal !

— Mon noble parent et ami, interrompit Alcoy, je vous préviens qu'il nous faut aviser, et sur l'heure ? Tout va de mal en pis. Le comte de Palomas, votre neveu, vient d'être mortellement blessé par un inconnu qui a su échapper jusqu'à présent aux poursuites de l'hermandad.

— Assassiné ! mon neveu !

— Non pas ! blessé en duel ! en plein jour, au milieu de Séville, pendant qu'on chantait la messe à dix pas de là, en l'église de Saint-Ildefonse !

— Et pendant que la foule acclamait, sur la

place de Jérusalem, la femme et la fille de Médina-Celi, plus haut et mieux que le roi lui-même!

Ce fut don Pascual de Haro qui dit cela, couramment et en homme qui a sa leçon faite.

Balthazar d'Alcoy reprit gravement :

— Ce ne sont plus des symptômes, c'est une maladie déclarée. Nous avons la certitude complète que la conjuration de Catalogne a des ramifications jusque dans Séville.

— Hier soir, reprit Pascual, le roi a passé deux heures chez la reine. Ah! ah! c'est certain.

— Sandoval y était, prononça lentement le maigre Balthazar.

— L'ancien connétable de Castille aussi, par Notre-Dame du Carmel? bredouilla l'ancien commandant des gardes.

— Et l'on a parlé d'affaires, ajouta le petit magistrat.

— Oui bien! appuya don Pascual; c'est certain; on a parlé d'affaires.

Le vieux ministre s'éventait avec son mouchoir. Le sang qui lui montait au cerveau ne pouvait rougir son jaune visage, mais il étouffait.

— Voyons, voyons, seigneurs, dit-il, mettons un peu d'ordre dans nos désastres. Personnellement, je suis le dévoué serviteur de Sa Majesté la reine. Dieu sait quels sentiments bienveillants m'animent à l'endroit de cette illustre maison de Sandoval. Et quant à l'ancien connétable de Castille, c'est de la vénération que je professe pour lui. Écoutez donc : en définitive, si mon neveu Gaspard a réellement fait son temps...

— Il s'agit bien du comte-duc! s'écria aigrement Alcoy.

— Que nous importe celui-là? fit don Pascual en fidèle écho.

— Égoïsme, incapacité, vanité, reprit le bilieux président, voilà son bilan.

— Fi! Alcoy, fi! répliqua le vieux ministre; parler ainsi de son propre gendre avant qu'il soit tout à fait tombé! Moi, je conserve pour lui jusqu'à voir, un très parfait dévouement. Soyons juste : ce n'est pas un grand homme de guerre, et peut-être n'a-t-il pas montré dans les négociations toute la dextérité désirable; mais il sait la langue grecque, seigneurs, et il est ferré sur les lettres latines. Point de passion, je vous prie; n'apportons ici que le calme vouloir de conserver nos positions respectives, voire de les améliorer, si faire se peut. Cette conjuration de Catalogne, vous le savez, devait nous être de quelque utilité. Nous espérions...

— Elle sera notre perte! interrompit Alcoy, nous n'en sommes pas les maîtres, les fils nous en échappent. Je donne ma démission et je me retire dans mes terres.

— Moi, dit Pascual, je passe en Flandre, où la vie est bonne.

— Et moi, s'écria don Bernard qui grandit tout à coup, haut comme un père conscrit de Rome au temps de Brennus, je meurs à mon poste, mes chers seigneurs. A quoi bon vivre quand on n'a plus la signature? Il y a dix-sept ans que j'expédie. Qu'un autre pense et dirige, peu m'importe, mais je veux expédier. De par tous les saints, désertez si vous le voulez ; moi, je me cramponne à ma chaise curule, et je signe jusqu'à mon dernier soupir !

Don Balthazar de Alcoy se dressa devant lui comme un petit serpent.

— Et garderiez-vous ainsi cette résolution héroïque, demanda-t-il avec un ricanement amer, si le duc de Medina-Celi devenait premier ministre du roi ?

Zuniga se retint au dossier de son fauteuil pour ne point tomber à la renverse.

— Medina-Celi, balbutia-t-il, celui-là ne nous pardonnerait pas... mais il est prisonnier !

— Pedro Gil est un traître ! interrompit Alcoy avec un éclat de voix.

— Un traître, ajouta don Pascual, je l'ai toujours dit.

— Et nous en avons désormais les preuves, ajouta le président de l'audience.

Trois coups secs et régulièrement espacés furent frappés à la porte par où Balthazar de Alcoy et don Pascual de Haro étaient entrés.

— Le voici, prononça tout bas le vieux ministre.

Puis il ajouta, en un mouvement soudain de courroux :

— Mes seigneurs, si nous le faisions pendre ?

— Ouvrez plutôt, dit une voix railleuse de l'autre côté de la porte ; on entend tout, d'ici. Vive Dieu ! s'il m'avait plu d'aller chercher des témoins, ce n'est pas pour moi qu'eût été la potence.

Nos trois hommes d'État se regardèrent.

— Cette grande masure mauresque est détestable pour délibérer? murmura don Bernard de Zuniga.

Et Alcoy ajouta tout bas :

— Allons! ouvrez à ce coquin!

Le vieux ministre ne savait plus où il en était. Il ouvrit la porte et balbutia :

— Tu sais bien, ami Pedro Gil, que nous te regardons tous comme un fidèle serviteur. Quant à notre dévouement à la personne du roi et aux intérêts du comte-duc, mon neveu...

— Mettez-vous seulement un peu plus loin de la porte quand vous parlerez de cela, dit le nouvel arrivant qui entra le chapeau sur la tête.

C'était bien notre homme de la place de Jérusalem, celui qui avait eu la nuit précédente, avec le boucher Trasdoblo, cet entretien caractéristique.

Le grand jour ne lui était point favorable et faisait ressortir énergiquement sa méchante mine. Sa figure large, entourée d'une barbe inégale et grisonnante, avait des tons terreux, sur lesquels tranchaient des plaques rouges. L'un de ses yeux se fermait à demi, cachant mal une prunelle déteinte et louche; l'autre, au contraire, avait des regards flamboyants. Son cou de taureau, ses épaules carrés et ses jambes arc-boutées solidement annonçaient une force peu commune. Sa physionomie avait cette double expression de servilité et d'insolence qui se rencontre si communément au bas bout des hiérarchies gouvernementales.

Le malheur des temps avait fait de lui un homme important. Il voulait monter encore. Comme son intelligence était à la hauteur de ses

vices, il avait chance de faire bonne pêche en ces
eaux troubles.

Il adressa un salut souriant au ministre, et marcha droit aux deux autres dignitaires.

— De quoi m'accusez-vous, mes seigneurs ? leur demanda-t-il à haute voix.

— Au fait, demanda don Bernard, de quoi l'accusez-vous, ce brave Pedro Gil ?

— Nous l'accusons de trahison, répondit Balthazar de Alcoy, et chacun de nous a ses preuves.

Don Pascual approuva d'un signe de tête.

— Fournissez donc vos preuves, dit Pedro Gil, qui s'assit tranquillement devant la table, à la place occupée naguère par Moghrab, afin que le noble Zuniga, mon patron, me puisse faire pendre en toute sûreté de conscience.

— Plaisanterie, Pedro, plaisanterie ! s'empressa de protester don Bernard ; diable ! pendre un oidor, mon ami !

Il ajouta en se penchant à son oreille :

— Il faut bien hurler avec les loups. As-tu rencontré Moghrab ?

— Je l'ai laissé au chevet du comte de Palomas, répondit l'ancien intendant.

Don Pascual et Bernard de Alcoy se rapprochèrent.

— Il paraît que notre bien-aimé neveu don Juan n'a pas encore rendu le dernier soupir, dit le ministre en jetant à ses deux parents un regard de triomphe.

— On nous avait affirmé... commença le président de l'audience.

Pedro Gil haussa les épaules.

— Je vous affirme, moi, répliqua-t-il, que demain, s'il le faut, don Juan de Haro, comte de Palomas, montera à cheval.

— Tant mieux! balbutia don Pascual, certes, certes!

Zuniga se frottait les mains énergiquement.

— Noghrab est un excellent garçon, s'écria-t-il, et un savant de premier ordre ; je savais bien que Moghrab ne pouvait pas se tromper. Par la Vierge sainte, seigneurs, je ne laisserais pas insulter devant moi cet honnête Pedro Gil. Le comte-duc a pour lui une estime toute particulière. Formulez vos griefs, je suis ministre du roi !

— Mettrez-vous ce drôle en balance avec nous, mon cousin! demanda fièrement Alcoy.

— Formulez! formulez! Vous m'avez parlé fort irrévérencieusement tout à l'heure. Don Pascual de Haro, je vous permets de parler.

Don Pascual, déjà rouge de colère, dit en fermant ses gros poings :

— Cet homme abuse de votre faiblesse, mon cousin...

— Qu'appelez-vous ma faiblesse, seigneur ? interrompit don Bernard indigné ; voilà dix-sept ans que j'ai la signature !

— De votre loyauté, seigneur mon cousin, s'empressa de rectifia Alcoy ; il s'est introduit près de vous sous prétexte d'une affaire majeure : le mariage de votre neveu Juan avec l'héritière de Medina-Celi...

— Eh bien ! trouvez-vous l'idée si mauvaise ?... mettre à notre disposition une fortune quasi royale !

— D'abord, avec votre permission, cousin, riposta le président de l'audience, je doute que le comte de Palomas, qui est aussi mon neveu, et dont je fais grand cas assurément, soit à notre disposition. En admettant même que ce coup d'épée ne soit point mortel...

— Ce n'est qu'une égratignure ! s'écria le vieux ministre. Vous avez entendu Pedro. Mais vous n'avez pas la parole, Baltazar. Procédons par ordre. Nos heures appartiennent à l'Espagne. Vos griefs, don Pascual, vos griefs, et soyez court !

— Mes griefs, les voici, répliqua le commandant des gardes. Pedro Gil nous a extorqué un ordre de rappel de la duchesse Éléonor. Cela seul est une trahison.

— Il fallait la présence de la duchesse Éléonor à Séville, dit froidement l'ancien intendant de Medina.

— Pedro Gil, poursuivit don Pascual, nous a promis le consentement de ladite duchesse.

— Eh bien ? fit le ministre.

— Je me suis présenté aujourd'hui même à la maison de Pilate, répondit don Pascual ; j'ai interrogé la duchesse, dont voici le dernier mot : « Mettez en liberté sans condition le noble Hernan de Medina-Celi et nous aviserons. »

— Votre seigneurie a eu tort de se présenter chez la duchesse, dit Pedro Gil toujours impassible.

— Pourquoi cela ? demanda don Pascual qui fit un pas vers l'oïdor.

Le vieux ministre l'arrêta et répondit :

— Parce que vous êtes un vaillant soldat, mon

cousin de Haro, mais, pour certaines négociations où il faut de la finesse... vous m'entendez... nous autres hommes de cabinet... Enfin, j'eusse préféré une démarche de Baltazar.

— Don Baltazar était occupé ailleurs, repartit durement le commandant des gardes ; j'ai fini, qu'il parle !

Alcoy sembla se recueillir. Il redressa sa courte taille et regarda le ministre en face.

— Seigneurs, je me suis rendu dans la soirée d'hier à la forteresse de Alcala de Guadaira. En qualité de premier magistrat de la province, j'ai droit d'entrée dans les cellules des prisonniers d'État. Je me suis fait ouvrir celle de Medina-Celi, et je l'ai interrogé. Voici sa réponse textuelle : « Votre comte de Palomas est un parvenu, fils de parvenu. Je ne connais d'autres Haro que les fils de mon noble ami Louis de Haro, comte d'Aguilar, s'il a laissé des fils. Tant qu'il y aura dans mes veines une goutte du sang de mon père, Isabel de Medina-Celi ne sera point la femme de ce mignon. » Seigneurs, il m'a dit cela parlant à moi, Baltazar de Zuniga y Alcoy, oncle de don Juan et président de l'audience andalouse.

Le vieux ministre regarda Pedro Gil du coin de l'œil.

Pedro Gil dit :

— Sa Seigneurie a eu tort d'interroger le duc de Medina-Celi.

L'œil du vieux ministre se reporta aussitôt sur le président de l'audience.

Celui-ci poursuivit d'un ton de sarcasme :

— Je comprends tout le chagrin que ma démarche doit causer à ce fidèle serviteur, mais je n'ai pas fini et je prie Votre Excellence de ne pas perdre une seule de mes paroles. En revenant à Séville, j'ai reçu deux rapports, dont l'un explique assez bien l'insolence du prisonnier. Il y a sous jeu une tentative d'évasion qui se rallie aux projets des révoltés de la Catalogne.

— Diable! diable! fit le ministre.

Pedro Gil se prit à sourire.

— Et l'autre rapport? demanda Bernard de Zuniga, dont le front était devenu soucieux.

— L'autre rapport, mon cousin, accuse cet honnête homme d'avoir trempé dans ce même projet d'évasion.

Son doigt étendu montrait l'ancien intendant.

Celui-ci avait son bon œil grand ouvert. Il continuait de ricaner avec impertinence.

— Diable! diable! répéta le vieux Zuniga.

Puis, avec une violence soudaine :

— Pedro, je ne m'en dédie pas, s'écria-t-il, je crois que je vais te faire pendre !

— Et Mograb aussi, alors, seigneur ?

— Et Moghrab aussi, Pedro. Vous pourriez bien être une paire de coquins tous les deux.

L'ancien intendant repoussa son fauteuil et promena son regard sur les trois hommes d'État.

— Or çà, seigneurs, demanda-t-il, que me donneriez-vous si présentement je vous apportais la fortune de Medina-Celi dans ma poche, c'est-à-dire le consentement du duc, celui de la duchesse, voire celui de la jeune Isabel, leur fille ?

Rien ne peut exprimer à notre sens l'anarchie honteuse, l'étrange désarroi, la décadence incurable et profonde de la royale maison d'Espagne, si puissante et si forte un siècle auparavant, que la peinture fidèle et familière de quelques-uns des principaux serviteurs de Philippe IV. Ce descendant de Charles-Quint valait, il est vrai, un peu mieux que son entourage, et l'on pourrait trier dans la biographie de son ministre favori deux ou trois actes qui ne sont point indignes d'un compétiteur de Richelieu. Mais Philippe avait usé dans la paresse et dans les plaisirs ce que sa nature pouvait avoir de vraiment royale, et l'on serait presque fondé à dire que si son favori fut un grand ministre pendant trois ou quatre semaines sur quinze ans d'administration, il y eut là pur et simple hasard.

Jamais, en aucun pays, on ne vit les hauts emplois occupés si misérablement, ni les grandes races plus platement avilies. La France aussi, sans doute, eut dans son histoire des heures malheureuses et notées d'infamie, mais, à aucune époque, la France ne sut descendre si bas que cela.

Pendant que la monarchie de Charles-Quint se démembrait pièce à pièce, pendant qu'il était permis au premier venu d'arracher un lambeau à ce cadavre, Philippe *le Grand* poussait à ses suprêmes limites l'art noble de la tauromachie ; son favori consultait les astres et rédigeait des pamphlets pédants contre ses adversaires politiques ; Zuniga se faisait berner par des sorciers maures.

Le bien public, pour ce dernier, l'un des types ministériels les plus naïvement accusés que l'histoire ait mis en lumière, consistait en ceci : garder la signature.

La France, la Hollande, l'Angleterre, le Portugal pouvaient empiéter à leur aise ; tout devait aller bien, tant que don Bernard de Zuniga aurait une Espagne assez large pour y poser son parchemin sur sa table avec son écritoire.

L'ennemi, ce n'étaient point tous ces gens-là.

L'ennemi était son successeur, l'État c'était sa signature.

Tant l'habitude d'*expédier* peut devenir une robuste passion !

Il avait sa politique à lui, le bonhomme. C'était quelque chose de brumeux, d'inconstant, de léger comme un nuage. Chez lui, la minute actuelle ne savait nullement l'histoire de la minute qui va suivre ; il combinait dans les brouillards de sa pauvre cervelle des rudiments d'idées ; mais tout se subordonnait à sa farouche religion de la signature.

Aux derniers mots de Pedro Gil, don Pascual et le président de l'audience n'opposèrent qu'un silence dédaigneux. Zuniga, au contraire, avide et curieux comme un enfant, se rapprocha, les yeux élargis et la bouche béante.

— La fortune de Medina dans ta poche, Pedro ! balbutia-t-il ; explique-toi, mon ami, explique-toi !

— Quelque nouvelle jonglerie ! gronda le président.

— Il faut voir, mon noble parent, il faut voir ! repartit le vieux Zuniga ; je suis d'avis d'examiner. Parle, Pedro, mon fils, et n'essaye pas de nous tromper : tu sais que ce serait une besogne malaisée.

IX

ESTEBAN

Alcoy et don Baltazar échangèrent un sourire. Pedro Gil croisa ses bras sur sa poitrine.

— Mes seigneurs, dit-il d'un ton grave, il s'agit d'une conception hardie et qui peut sembler bizarre au premier aspect. Le seigneur Pascual de Haro et le seigneur président ont déjà leur ricanement sceptique aux lèvres... J'avoue que si j'avais dû avoir affaire à eux seulement, j'aurais gardé pour moi-même mon idée, mais j'ai foi dans la haute et forte intelligence de mon noble patron don Bernard de Zuniga, qui est la véritable lumière des conseils de Sa Majesté. Mes efforts ont pour unique but de le servir, et peut m'importe l'opinion du reste de l'univers !

Le ministre cligna de l'œil et passa sa langue sous sa moustache grise.

— Il s'exprime bien, dit-il, seigneurs; c'est un garçon capable. Continue, Pedro; ton dévouement, mon ami, ne s'adresse point à un ingrat.

L'ancien intendant salua et reprit :

— Je commence par prononcer le mot de la situation : le noble favori du roi chancelle; voici longtemps que la perspicacité de Moghrab a prédit ce résultat. J'avoue hautement que je partage la confiance de mon très illustre patron à l'endroit de Moghrab. Le jour de l'Assomption de la très sainte Marie, 15° d'août de la présente année, Moghrab a trouvé pour la première fois, au fond de ses calculs, le nom prédestiné du successeur de Sa Grâce le comte-duc. Ce nom mystérieux semblait désigner un jeune homme, parent à un degré égal des trois puissants seigneurs ici présents. Jusqu'alors ce jeune homme avait été livré à lui-même et peu favorisé par sa famille. Malgré les doutes légitimes desdits puissants et nobles personnages, on résolut du moins de faire quelque chose pour un enfant voué peut-être à de si magnifiques destinées. C'était, qu'il me soit permis de le dire, du bon sens élémentaire et de la prudence toute pure. On paya les dettes du jeune homme, on le nomma capitaine dans la garde noble, on le créa comte de Palomas avec grandesse du deuxième degré. Bref, on le fit sortir de son obscurité, et grâce à ses heureuses qualités, il se plaça lui-même, du premier coup, au premier rang de la jeunesse titrée.

— Il contracta pour quatre millions de réaux de dettes en cinq semaines de temps, interrompit don Pascual.

— Et se fit trois méchantes affaires avec l'audience de Madrid, ajouta don Baltazar.

— Jeunesse qui se passe! jeunesse qui se passe! dit le ministre ; je trouve l'exposé de l'ami Pedro fort bien fait... seulement un peu long. Abrège, mon fils, abrège, l'Espagne a besoin de nous.

— Ma vie entière, poursuivit l'ancien intendant, est consacrée aux intérêts de mon patron bien-aimé. Moi, je ne suis pas de ceux qui rougissent du bienfait reçu. Ayant obtenu la modeste place d'oidor à Séville, je cherchais nuit et jour un moyen de témoigner ma reconnaissance à mon noble protecteur. Vous accueillîtes, seigneurs, la première idée du mariage du comte de Palomas avec Isabel. Je me fis fort de lever les obstacles venant du duc prisonnier ou de la duchesse exilée ; vous mandâtes par ordre royal Eleonor de Tolède à Séville...

— Et maintenant? s'écria don Pascual.

— J'arrive au fait, seigneur, interrompit Pedro Gil. Je vous répète que la fortune de Medina-Celi est entre mes mains, au moment où j'ai cet insigne honneur de parler devant vous. Il y a aujourd'hui quatorze jours que le noble président de l'audience me chargea d'une enquête en la ville de Xérès. On avait eu vent d'une intrigue ourdie par des étrangers pour l'évasion des captifs de Alcala de Guadaira. J'étais dans ce courant de pensées, lorsque tout à coup, au sortir du tribunal, le duc de Medina-Celi se présenta devant mes yeux sur les marches du portail de San-Iago.

— Que dis-tu? balbutia don Bernard de Zuniga, le duc!

— En liberté! ajouta don Pascual déjà tout pâle.

Mais le président de l'audience, redoublant de mépris, demanda :

— Ne le voyez-vous pas venir, seigneurs? un moyen renouvelé de nos vieilles comédies! une ressemblance! Cet homme se moque de nous, à notre barbe.

Don Pascual, honteux de s'être laissé prendre, fronça terriblement ses gros sourcils.

— Si je le croyais... commença le ministre, toujours prompt à changer d'impression. S'agit-il d'une ressemblance, Pedro? As-tu osé nous tendre un piège si grossier?

— Seigneurs, prononça froidement Pedro Gil, recevez mon humble aveu : c'était une ressemblance.

— Et tu veux refaire la fable des Ménechmes! s'écria le président.

— Tu veux que nous trempions dans cette farce effrontée!

— Tu veux?...

Pedro Gil se leva. Il prit la main du vieux Zuniga et l'entraîna vers la fenêtre qui donnait sur la cour des Gazelles. Le bonhomme disait, chemin faisant :

— La corde! misérable histrion, ton insolence a mérité la corde!

L'heure de la méridienne était venue. Il faisait une étouffante chaleur. La cour des Gazelles était silencieuse et déserte, comme si l'on eût été au milieu de la nuit. Sur le banc qui faisait face à la fenêtre et qu'abritait un grand oranger, un homme était étendu ; il dormait, le visage caché sous les bords de son feutre.

Pedro Gil, sans s'émouvoir aucunement des menaces de son patron très illustre, appela :

— Esteban!

L'homme tressaillit aussitôt et sauta sur ses pieds. Son chapeau tomba dans ce mouvement.

Nos trois seigneurs poussèrent le même cri de surprise.

Le président de l'audience se recula livide. Don Pascual porta la main à son épée, et le vieux ministre, dégainant à tour de bras, se précipita sur Pedro Gil en s'écriant :

— Traître maudit ! Tu l'as fait évader ! On venait de t'en accuser devant moi ! Ignorais-tu cela, toi qui écoutes aux portes ? Tu vas mourir comme un misérable chien que tu es !

Le vieux Zuniga, joignant le geste à la parole, fondit sur lui à bras raccourci. Pedro Gil écarta l'épée avec sa main roulée dans son manteau et dit tranquillement :

— Retenez mon noble patron, seigneurs. Nous faisons trop de bruit. Si le roi se mettait aux fenêtres...

L'épée de Zuniga s'échappa de sa main tremblante. Les trois hommes d'Etat étaient littéralement atterrés.

L'homme qu'on avait appelé Esteban avait ramassé son chapeau et regardait en l'air avec curiosité.

— C'est lui ! de par le ciel ! dit don Pascual le premier en se frottant les yeux.

Le président répéta :

— C'est lui. Je l'ai vu hier dans sa prison, je ferais serment que c'est lui ! Il a seulement coupé sa longue barbe.

Zuniga essuyait son front baigné de sueur :

— Medina-Celi ! murmurait-il d'une voix dolente, Medina-Celi en liberté dans le palais du roi !

Pedro Gil souriait d'un air satisfait.

— Seigneurs, dit-il, l'épreuve me paraît complète. Vous connaissez tous les trois l'illustre captif. Mon très respecté chef, le président de l'audience l'a vu hier, il lui a parlé; cependant il vient de s'y tromper, comme le commandant des gardes du roi et comme mon bien-aimé patron lui-même. Que sera-ce donc quand cet homme, dépouillant le harnais de l'indigence, aura pris les habits qui conviennent au rôle que nous voulons lui faire jouer?

— Tu persistes à soutenir?... s'écria le ministre déjà un peu ébranlé.

— Ne le croyez pas, Excellence! s'écria don Baltazar; sur mon salut éternel, cet homme est le duc de Medina-Celi! Je ne sais pas quels sont les desseins secrets de l'imposteur qui nous trahit avec tant d'audace. Nous vivons dans un temps où tout est possible, et peut-être les mesures sont-elles déjà prises pour que le fauteuil du favori soit occupé aujourd'hui par Medina-Celi ressuscité.

— Pourquoi m'avez-vous éveillé? demanda en ce moment le dormeur de la cour des Gazelles.

— Sa voix! murmura le président de l'audience; on ne se méprend pas à la voix! C'est la voix qui me disait hier : « Tant qu'une goutte du sang de mon père sera dans mes veines, Isabel de Medina-Celi ne sera point la femme de ce mignon. »

Zuniga réfléchissait. Il murmura, se parlant à lui-même :

— Si l'on se mettait franchement avec lui?...

nous sommes un peu parents par les Sidonin et les Torro.

— Quant à moi, dit Pascual, ma femme est cousine germaine de dona Eleonor de Tolède.

— En sommes-nous là ? s'écria don Baltazar de Alcoy ; Dieu vivant ! je suis le mieux placé de tous, en définitive. Ma proposition d'hier peut être tournée en bonne part : c'était pour son bien, apparemment... et, de par Saint-Jacques ! feu noble père fut son parrain dans trois combats singuliers.

Une heure après midi sonna à l'horloge arabe du pavillon royal.

— Il vous faudra donc, mes seigneurs, dit Pedro Gil avec son effrontée tranquillité, prendre le deuil tous les trois aujourd'hui même.

— Pourquoi cela ? demandèrent-ils à la fois.

— Parce que, répondit l'ancien intendant, dont la voix avait d'étranges et sourdes vibrations, voici une heure qui sonne, et que depuis midi votre infortuné cousin est passé de vie à trépas.

— Que dit-il ? balbutia don Pascual, pâlissant à l'idée d'un assassinat.

Et le président de l'audience :

— De qui parles-tu, malheureux ?

Le vieux ministre restait abasourdi.

— Je parle de celui qui nous occupe tous ici, mes seigneurs, répondit Pedro Gil ; je parle du très noble Hernan-Perez de Guzman, duc de Medina-Celi, et je dis qu'il est mort !

— Comment sais-tu cela ? fit le ministre avec accablement.

Au lieu de répliquer, cette fois, Pedro Gil se

pencha à la croisée et dit à l'homme qui naguère dormait sur le banc de marbre :

— Ne t'impatiente pas, Esteban, ton tour va venir.

Nos trois hommes d'Etat profitèrent de ce moment pour échanger un regard. Leurs yeux n'exprimaient rien, sinon un profond et commun embarras.

— Je sais la nouvelle le premier, dit Pedro Gil en se retournant vers ses nobles compagnons, et tout uniment parce que je la savais d'avance.

— Alors, prononça tout bas Zuniga, Medina-Celi est mort violemment?

— Violemment, oui, répliqua l'ancien intendant, mais légalement. Je ne veux pas faire languir Vos Seigneuries : voici la chose en deux mots. Le président de l'audience a dit vrai, sa police est bien faite, j'ai donné lieu aux rapports qui lui ont été adressés contre moi. En effet, par un excès de zèle que mon illustre patron appréciera, je l'espère, je suis entré dans un complot ayant pour but de faire évader le duc de Medina-Celi. Je ne pense pas avoir besoin d'établir ici combien ce très noble seigneur nous gênait.

Ses propres paroles viennent d'être répétées : lui, vivant, nos projets devenaient impossibles. Je connais la haute moralité de Vos Seigneuries : elles eussent toutes reculé devant un meurtre.

— A l'unanimité! fit sincèrement le ministre.

Don Pascual mit la main sur son cœur. Don Baltazar de Alcoy fit un geste d'énergique répulsion.

— Sans doute, sans doute, dit Pedro Gil ; aussi,

ai-je cru devoir ne vous en parler qu'après la chose faite. Je vous prie de bien vouloir me laisser continuer, mes seigneurs. En ma qualité de second oidor, j'avais l'inspection de la forteresse ; en ma qualité de conjuré, je savais le moment de l'évasion. J'ai tout simplement pris mes mesures pour que le prisonnier, saisi sur le fait, trouvât à qui parler avant d'avoir la clef des champs...
— Bien ! bien ! Esteban, interrompit-il à la fenêtre ; on est à toi, mon garçon !

Les trois hommes d'État se regardèrent encore, l'expression de leurs visages avait changé.

Pedro Gil resta un instant à la fenêtre comme pour leur donner le temps de réfléchir.

— Seigneurs, seigneurs, sur ma foi ! dit le vieux Zuniga, je ne cacherai pas mon opinion ! Regrettons la fin prématurée du noble duc, mais il était dans son tort... un prisonnier qui s'évade manque à tous ses devoirs. D'ailleurs, c'est un fait accompli.

— Et que prétend-il faire de cet homme qui est dans la cour ? demanda don Pascual. Je n'ai pas encore bien saisi.

— Voyons, seigneur Pedro, ajouta le président, veuillez nous développer l'intrigue de votre comédie.

Par la fenêtre, la voix du dehors monta.

— Je vais reprendre ma sieste, dit-elle, puisqu'on n'a pas besoin de moi.

— Dors, Esteban, répliqua Pedro Gil en lui envoyant un signe de tête amical ; j'irai te chercher tout à l'heure, mon ami.

Esteban se drapa magistralement dans un vieux

manteau qu'il avait et s'étendit de nouveau sur son banc. Quand il eut fermé les yeux, nos trois hommes d'État vinrent le contempler tout à leur aise.

— Mes illustres maîtres, reprit l'intendant, ce jeu miraculeux de la nature est le point de départ de ma combinaison. Si dans le cours des développements que je vais soumettre à Vos Seigneuries la frayeur vous reprenait, rassurez-vous par cette seule pensée : Medina-Coli est mort et impuissant à vous nuire, mais Medina-Coli vit et demeure capable de tout ce qui peut vous servir.

— Mais, objecta le président de l'audience, sa mort sera constatée.

— Pour nous seulement, interrompit Pedro Gil ; soyez assurés que le projet a été sérieusement mûri. Le duc a été mis à mort, non point par les gardiens naturels de la forteresse, mais par des braves déguisés en garçons bouchers et postés dans le cellier de maître Trasdoblo, fournisseur juré de la prison. Le duc a disparu purement et simplement. Sa fosse était creusée d'avance dans le charnier de Trasdoblo. Ces détails répugnent aux grands cœurs de Vos Seigneuries, je m'en aperçois bien, mais comme l'a dit excellemment mon patron très illustre, don Bernard de Zuniga, c'est un fait accompli désormais. Passons d'ailleurs aux conséquences. Demain le duc de Medina-Coli, heureusement échappé à la lourde chaîne qui l'accablait, sera dans son palais.

— Espères-tu tromper une épouse? interrompit Baltazar de Alcoy, dont le front s'était rembruni.

— Je tromperais une mère, affirma l'ancien intendant.

— Laissez-le dire, fit le vieux ministre, je n'ai pas encore tout à fait compris, mais cela me paraît marqué au coin d'une infernale adresse.

— Le très puissant président de l'audience y a bien été trompé, reprit Pedro Gil, lui qui avait des souvenirs de vingt-quatre heures ! Craignez-vous les souvenirs de dona Eleonor, qui datent de quinze ans ?

— Bien raisonné, Pedro, dit le ministre ; quel garçon pour l'intelligence ! Voyons maintenant ce que cela nous donnera.

— Cela nous donnera, pour don Juan de Haro le comté de Palomas, la main de dona Isabel et la fortune de Medina-Celi, répartit l'ancien intendant ; le duc consentira ; il imposera sa volonté au besoin, et l'affaire faite, le duc ira voyager à Santiago de Cuba ou au Pérou, selon son caprice.

— Et don Juan, notre neveu, appuya le ministre tout à fait rassuré, nous devra un beau clergé, savez-vous, mes seigneurs !

— Mais, demanda Baltazar de Alcoy, qui hésitait encore, l'homme est-il prévenu ?

— Holà ! cria en ce moment la voix du dehors ; une fois qu'on a perdu son premier somme, on ne peut plus se rendormir. J'ai mes affaires à Séville, et qui sait si elles ne sont pas plus importantes que les vôtres ?

— Seigneurs, dit le vieux Zuniga, je prends spontanément la résolution de faire comparaître cet homme devant moi. Le comte de Palomas, notre neveu, sera un bon ministre ; il ne donnera aucune attention aux affaires, et, pour le bonheur de l'Espagne, tout restera confié à notre sage expérience. C'est un coup de partie! Nos positions dépendent de la manière dont nous allons jouer nos cartes. Passons dans nos appartements privés, afin que le secret le plus profond entoure cette entrevue.

— J'approuve votre détermination, mon cousin, opina le président de l'audience; je vénère le comte-duc, mon gendre, mais je ne le regretterai point.

Le commandant des gardes s'était approché de la fenêtre. L'homme et lui se regardaient en face. Ce fut le commandant qui baissa les yeux le premier.

— Eh bien! don Pascual, fit le ministre, à quoi pensez-vous?

Pedro Gil venait de sortir par la porte dérobée pour aller chercher son faux duc.

— Je ne pense à rien, répondit franchement don Pascual. Certes! certes! tout ceci est fort extraordinaire.

— Puisque nous voilà seuls, mes seigneurs, reprit le président de l'audience, je puis parler à cœur ouvert. Ce Pedro est un scélérat de la plus dangereuse espèce. Si c'était nous qu'il trompât? Si le duc était véritablement libre et dans l'enceinte de l'Alcazar? Si nous restions, en définitive, les dupes de cette effrontée comédie?

Le vieux Zuniga, qui se dirigeait déjà vers ses appartements privés, s'arrêta court.

Baltazar de Alcoy poursuivit à voix basse :

— Je vais plus loin, seigneurs. Si le comte-duc

était dans tout ceci ! On a vu des ministres faire subir à leurs subordonnés des épreuves de ce genre.

— Le comte-duc ? dit Pascual, eh mais, certes, il a beaucoup de subtilité dans l'esprit.

— Beaucoup de ruse, ajouta Alcoy, beaucoup d'inquiétude. Il est capable de tout !

— Par saint André martyr, seigneurs ! s'écria le vieux Zuniga d'un ton découragé, je suis un pauvre hidalgo tout rond, tout franc, tout loyal. Ne me faites pas perdre la tête, je vous prie. Est-il défendu à un serviteur du roi de tenir sa place ? Si ce *quidam* est Medina, nous tâcherons de le retourner. Si c'est un espion, nous parlerons du comte-duc avec tout le respect dû à un corps saint. Et... en somme, Palomas est son neveu comme le nôtre !... Voici le personnage, entrons dans mon appartement.

La petite porte située derrière le paravent venait en effet de s'ouvrir. Pedro Gil rentrait, précédant un cavalier de haute taille, admirablement campé sur de belles jambes bien découplées, et portant avec fierté la tête la plus noble du monde. Son costume, il est vrai, ne répondait pas tout à fait à la grandeur de sa mine, mais son vieux sombrero gardait je ne sais quelle tournure, son manteau de gros drap déteint avait des plis hardis et son pourpoint, usé jusqu'à la corde, ne paraissait point son âge.

A en juger par son allure et la fermeté de sa démarche, ce beau gaillard ne devait pas avoir plus de quarante ans. Cependant ses cheveux grisonnaient, et il y avait bon nombre de fils d'argent dans sa moustache noire.

11.

Nos trois hommes d'État s'arrêtèrent un instant pour le considérer, puis ils entrèrent.

Pedro Gil se tourna vers lui.

— Esteban, mon ami, dit-il, te voilà introduit dans le palais du plus grand souverain du monde, et ces trois personnages que tu viens de voir sont les premiers du royaume après Sa Majesté.

Esteban jeta un regard indifférent sur les merveilles de l'architecture arabe. Il laissa seulement retomber un peu les pans de son manteau et grommela :

— Il fait chaud chez le roi.

— De la décence, ami, reprit l'ancien intendant, mais de l'aplomb! Et souviens-toi que si tu joues comme il faut ton rôle, ta fortune est faite.

Esteban répondit avec un sang-froid superbe :

— Jouer un rôle ne m'embarrasse guère. J'ai été sifflé dans toutes les comédies de Calderon : dépêchons seulement, car j'ai, moi aussi, mes affaires.

Quand Pedro Gil et son protégé furent introduits dans l'appartement privé de don Bernard de Zuniga, nos trois hommes d'État avaient eu le temps de se composer un maintien digne et solennel. Ils étaient assis en quinconce comme un tribunal, et la fraise de don Bernard dominait ce triangle imposant comme la principale pièce d'un surtout couronne une table bien servie.

— Qu'on ferme toutes les portes! ordonna cet habile ministre d'une voix sévère; asseyez-vous, maître Pedro Gil. L'homme, approchez et demeurez debout.

Cet accueil était très positivement calculé pour

inspirer au nouveau venu le respect et la terreur, mais le nouveau venu ne parut point étonné le moins du monde. Il s'avança jusqu'à la table d'ébène sculptée qui était devant le vieux ministre et appuya ses deux mains sur un long bâton de voyage qu'il portait suspendu à la plus haute olive de son pourpoint.

— J'ai fait ce matin une forte étape, dit-il; je préférerais m'asseoir; mais, s'il faut rester debout, c'est bien.

Il regarda le cabinet comme il avait regardé la galerie, avec une insouciante curiosité. C'était une petite pièce octogone, faisant partie du châtelet en style espagnol que Philippe II avait collé à la face méridionale de l'Alcazar. Le plafond et les boiseries étaient chargés de lourdes sculptures formant caissons et encadrant des panneaux peints par le premier Pacheco, sous le règne précédent.

Ayant achevé son examen, Esteban reporta ses yeux sur Leurs Seigneuries.

Je ne sais pourquoi nos trois hommes d'État semblaient beaucoup plus embarrassés que lui.

— Comment vous appelez-vous? demanda don Bernard de Zuniga pour entamer l'entretien.

— Le seigneur Pedro Gil, répondit froidement Esteban, aurait dû m'épargner ces préliminaires oiseux et pénibles. Il n'ignore pas que je suis un homme occupé. Si Vos Grâces ont du temps à perdre, je ne suis point dans le même cas : arrivons au fait, je vous prie.

— Vous parlez haut, l'ami? fit observer le commandant des gardes.

— C'est ma coutume, seigneur; j'ai une bonne poitrine et une bonne conscience.

— Savez-vous devant qui vous êtes? interrogea à son tour le président de l'audience.

— Le seigneur Pedro m'en a touché quelques mots. Je pense que vous êtes trois grands d'Espagne, et je souhaite que Dieu vous bénisse.

— Il faut agir avec douceur, dit le vieux ministre qui vit le rouge monter au visage de don Pascual; l'ami, nous ne vous ferons point de mal. Quel métier est le vôtre?

Cette fois une nuance d'orgueil satisfait éclaira le visage d'Esteban.

— Si vous êtes grands, je suis roi! prononça-t-il avec un profond contentement de lui-même.

— Nous as-tu amené un fou, Pedro? s'écria le ministre.

Esteban rejeta son manteau sur son épaule gauche. D'un geste noble, il imposa le silence à l'ancien intendant qui allait prendre la parole.

— Que parlez-vous de métiers, s'il vous plaît! dit-il en faisant un pas vers nos trois hommes d'État; avez-vous ouï parler du saint d'Antequerre? Sauriez-vous vivre honnêtement et les bras croisés si vous n'aviez point de patrimoine? Ne regardez pas avec orgueil ou mépris celui dont le nom seul inspire du respect à des milliers d'hommes. Des métiers! je les dédaigne tous, depuis le premier jusqu'au dernier. Et qui vous dit que je voulusse faire le vôtre?

— Par les cinq plaies! commença don Pascual furieux.

— Il s'exprime bien, interrompit le vieux ministro ; il est un peu exalté, mais quinze années de captivité ne laissent pas toujours la tête très saine. Il sera bien dans son emploi.

— Je vous dis, seigneurs, appuya Pedro Gil avec conviction, que c'est là précisément l'homme qu'il nous faut. Répondant pour lui, afin d'abréger, j'apprends à Vos Seigneuries que le saint Esteban d'Antequerre a été nommé par légitime élection roi des gueux de l'Andalousie, et qu'il venait à Séville pour la cérémonie du couronnement. C'est un lettré ; quoi que vous puissiez penser de son sceptre et de sa dignité, il a étudié à l'Université de Grenade, où quelques-unes de ses tours sont restés illustres ; c'est un homme de guerre, il a déserté ; c'est un chrétien, il observe le repos des dimanches et fêtes, sans jamais travailler le reste de la semaine ; c'est un voyageur, il sait mentir avec un aplomb mémorable ; c'est un philosophe, il n'a pas plus de préjugés que de croyances. Dites-lui, je vous le conseille, tout uniment et tout clairement ce que Vos Seigneuries attendent de lui ; c'est le chemin le plus court et le meilleur.

Le vieux don Bernard consulta de l'œil ses deux nobles cousins.

— Je suis de cet avis ! s'écria-t-il tout à coup impétueusement ; rien n'échappe à ma perspicacité. Du premier regard j'avais jugé ce personnage très original et très remarquable. L'ami, sois attentif, nous voulons faire de toi un duc !

Il n'était pas plus aisé d'éblouir le saint Esteban d'Antequerre que de l'effrayer, car il répliqua d'un ton glacial :

— Avant d'être roi, j'ai été duc et prince..... prince des Ursins, trouvez-vous que ce soit peu? et grand-maître de Saint-Jacques et don Juan d'Autriche.

— Il a été comédien nomade, s'empressa de dire Pedro Gil en forme d'explication.

— Bien cela! s'écria don Bernard ; comprenez-vous, seigneurs? Prince des Ursins dans le *Peintre de son déshonneur* de notre ami Calderon, grand maître de Saint-Jacques dans la *Perle de Séville*, du vieux Lope, don Juan d'Autriche dans le *Siége d'Alpujarra*. Par les sept douleurs! c'est un divertissant compagnon ! Réponds, l'ami, veux-tu être duc?

Esteban parut hésiter.

— Je ne me connais point de passions, dit-il, mais j'ai deux goûts renfermés dans des bornes raisonnables : la table et la galanterie. Pour contenter ces deux vocations, qui certes, ne nuisent à personne, il faut avoir la bourse bien garnie. Combien votre métier de duc me rapportera-t-il, à vue de pays, par semaine?

Les trois hommes d'Etat ne purent s'empêcher de sourire, et le président de l'audience dit :

— Tu fixeras toi-même ton salaire.

Esteban le regarda d'un air fier et demanda :

— Lequel de vous trois est le maître?

— Il n'y a point de maître ici, répondirent à la fois don Baltazar et don Pascual.

Mais du haut de sa fraise, le vieux ministre répliqua de son côté :

— C'est moi qui suis le maître!

— Eh bien! repartit Esteban, si vous êtes le

maître, ne laissez pas vos serviteurs bavarder à tort et à travers. Depuis quand parle-t-on de salaire à un duc? Dites-moi quels seront mes revenus, fixez mon apanage...

— Ah çà! gronda le commandant des gardes, est-ce que tu crois, faquin, qu'on va te faire duc pour tout de bon ?

— Je ne crois rien, seigneur, répondit Esteban; je ne demande rien, je n'accepte rien. Maître Pedro Gil, mettez-moi dehors, s'il vous plaît ?

Il se dirigeait en même temps vers la porte. L'ancien intendant l'arrêta.

— Tu seras duc pour tout de bon, l'ami, dit don Bernard; Dieu vivant! quel original !

Esteban revint, et s'adressant désormais au ministre tout seul, il s'assit en face de lui sur la table et mit son bâton entre ses jambes pendantes.

— Que diable! fit-il entre haut et bas, nous sommes tous ici des hommes d'importance, on peut parler la bouche ouverte. Combien pensez-vous que vaille ma royauté qui vous fait hausser les épaules ? Il n'y a en Espagne qu'un seul duché qui la puisse payer : c'est celui de Medina-Coli, qui passe pour aussi bien loti que Philippe d'Autriche. Et savez-vous pourquoi je m'attarde ici ? c'est que ma ressemblance avec ce duc-là m'a déjà produit plus d'un quadruple d'or. Saint-Jean de Dieu ! ce duc a des amis de par le monde ! Et l'idée m'est venue que vous aviez besoin de son portrait pour quelque manigance politique ou autre.

— Sur mon salut, mes seigneurs, protesta Pedro Gil, je n'ai point trahi vos secrets?

Le commandant des gardes et le président d'audience avaient froncé le sourcil. Don Bernard de Zuniga se caressa le menton d'un air satisfait.

— J'aime mieux qu'il ait deviné, dit-il ; n'aurait-il pas fallu le mettre au fait tout à l'heure? Pedro, nous ne te soupçonnons point. Esteban, je te proclame un garçon d'esprit. Tu as justement mis le doigt sur le joint : nous avons besoin du vivant portrait de Medina-Celi, non point pour des manigances politiques ou autres, mais pour le service du roi.

Il se découvrit. Les deux dignitaires et Pedro Gil firent comme lui. Esteban, qui avait remis son chapeau sur sa tête, ne jugea point à propos d'y toucher. Il réfléchissait.

— Singulier néant de la sagesse humaine! prononça-t-il avec tristesse ; la pensée d'être grand d'Espagne chatouille agréablement mon esprit. Sur ma foi! je me croyais au-dessus de cela. Je mange bien, je bois beaucoup, je dors longtemps; le petit dieu d'amour me compte au nombre de ses favoris. Qu'aurai-je de plus quand je serai duc? Une prison, peut-être, ou pis que cela : un billot avec une hache. Ah! je regretterai plus d'une fois mes tranquilles loisirs et les intéressants récits que je faisais aux âmes charitables de mes aventures en Afrique où je ne suis jamais allé...

Il soupira et reprit :

— Enfin, n'importe, le démon de l'ambition me pousse. Je veux voir un peu quels sont les bonheurs et quelles sont les souffrances des princes de la terre. Touchez là, vieillard ; cette main est celle d'un duc !

Il tendait au vieux ministre sa main, qui était bien un peu noire. Don Bernard lui donna ses longs doigts osseux, et poussa un cri de femme parce que le nouveau duc serrait trop fort.

— Vous autres, continua Esteban qui regarda de son haut don Baltazar et don Pascual, je ne pense pas que vous soyez mes égaux. Que chacun de nous se tienne à son rang. Me voici prêt à entrer en fonctions. Où est le palais dont je dois faire ma demeure? où sont les somptueux habits que je dois revêtir ?

— Seigneur duc, lui répondit Bernard de Zuniga, heureux comme un enfant de jouer cette comédie, maître Pedro Gil va vous enseigner aujourd'hui ce qu'il vous est indispensable de savoir pour entrer dans la maison de Pilate. C'est un ancien serviteur de la famille, et il est certains faits que vous devez connaître pour converser avec la duchesse.

— Ah ! fit Esteban, dont les yeux s'animèrent, il y a une duchesse !

Le vieux Zuniga fit signe à Pedro Gil de se lever.

— On nous attend au conseil du roi, dit-il ; allez, ami Esteban ou seigneur duc, comme il vous plaira désormais d'être appelé. Ce soir, vous coucherez dans votre palais. En attendant, acceptez ce parchemin que j'ai rempli et signé de ma main, pour répondre à quelques soupçons exprimés par vous tout à l'heure : la prison, le billot, etc., etc.

Esteban prit l'acte et le déplia. C'était un sauf-conduit royal, délivré à Hernan Perez de Gusman, duc de Medina-Celi, avec le sceau du secrétariat d'Etat.

Esteban approuva d'un signe de tête, et sortit après avoir salué noblement. Au bas des marches, un homme attendait, immobile et appuyé au socle d'une colonne. Il portait le costume mauresque. On ne voyait qu'un coin de sa figure basanée derrière son double voile de bernuz blanc. Cet homme s'approcha, et murmura en regardant Esteban :

— Etrange !

Pedro semblait avoir attendu cet instant. Il disposa les plis du manteau d'Esteban de manière à lui cacher le visage. Puis il dit tout bas à l'inconnu :

— Ils croient nous tenir : tout va bien.

Le Maure se mit à marcher derrière eux à quelques pas de distance. Ils traversèrent ainsi la place qui est devant la façade de l'Alcazar, et longèrent l'étroite et sombre rue des Oliviers. Au bout de cette rue, Pedro Gil s'arrêta devant un logis d'antique apparence, et souleva le marteau de fer doré qui ornait la porte.

Une belle jeune fille, souriante sous sa couronne de cheveux blonds, vint ouvrir. Elle fit un pas pour se jeter au cou de l'ancien intendant, mais elle recula et devint toute pâle à la vue du Maure. Celui-ci avait rejeté en arrière les oreillettes blanches qui tombaient de son turban comme les coiffes de nos ménagères poitevines. On voyait briller maintenant au milieu de cette face luisante et brunie les yeux ardents de Moghrab, le sorcier du vieux ministre, don Bernard de Zuniga.

X

L'HEURE DE LA SIESTE

Les douze coups de midi sonnaient aux cent clochers de Séville. S'il y avait eu, au sommet de ces remparts en torchis, durs comme la pierre, qui entourent la ville, une seule sentinelle éveillée, elle aurait distingué au loin, sur les bords du Guadalquivir, un mouvant tourbillon de poussière.

Elle aurait distingué cela parce que, à l'heure de midi, les mouvements sont rares autour de la capitale andalouse. Tout dort sous le soleil de plomb qui dessèche et qui brûle, le soldat sous les armes comme l'ouvrier devant sa tâche, le pauvre comme le riche, et l'on peut le dire, l'animal comme l'homme.

Les éléments eux-mêmes semblent participer à ce sommeil. L'eau, dont nul souffle de brise ne ride la surface, dort dans les bassins ou glisse lentement et comme en rêve entre les bords silencieux du fleuve. La feuillée reste immobile sur l'arbre qui respire pourtant, répandant avec violence les chaudes émanations de ses fleurs.

Il n'y a point d'insectes dans l'air, point d'oiseaux sur l'azur profond du ciel. La fourmi avare suspend elle-même son éternel labour. La rumeur des abeilles le long des ruisseaux où croissent le baume à la feuille de velours et le laurier-rose ne répond plus au murmure monotone du courant. La nature entière se repose, fuyant les éblouissements de cette lumière et la torride haleine de ce ciel.

De loin, la campagne semble déserte et inanimée; mais si l'on approche, on aperçoit çà et là les bestiaux vautrés à l'ombre de quelque grand arbre, le ventre et le museau dans l'herbe; de plus près encore, on distingue des groupes d'insectes immobiles sous l'abri d'un brin de gazon...

Ce tourbillon de poudre, seule vie du paysage, était soulevé par un cavalier courant à toute bride sur la rive orientale du fleuve. Il n'avait pas encore fait beaucoup de chemin depuis sa sortie de la ville, et cependant ses cheveux, alourdis par la sueur, tombaient en mèches ruisselantes sur l'étoffe déjà poudreuse de son pourpoint. Le cheval, baigné, aspirait fortement l'air brûlant chargé de sécheresse. Il soufflait, et résistait parfois à l'éperon.

Mais le fier jeune homme dont les jarrets pressaient son flanc le poussait avec une ardeur impitoyable. Il était de ceux dont le proverbe castillan dit : « Obstacle double, triple force. » Il allait, bravant le soleil incandescent et les éblouissements de cette terre calcinée. Sa voix animait sa monture. L'éclair des jeunes vaillances éclatait dans ses yeux.

C'était Ramire Mendoze, le bachelier de Salamanque, le pauvre orphelin de cette vieille tour isolée au pied des montagnes de l'Estramadure ; c'était le maître de l'honnête Bobazon, qui sans doute pleurait sa perte à cette heure ; c'était l'adversaire de don Juan de Haro, comte de Palomas, et l'ami de ce noble l'escaire, dont il portait en ce moment les habits.

Nous parlons de don Vincent de Moncade parce que c'était à lui précisément que pensait Ramire en piquant les flancs de sa monture. A première vue, Moncade lui avait plu, mais le comte de Palomas aussi, et aussi tous les autres courtisans. Ramire avait apporté de son donjon un heureux penchant à l'admiration et une bienveillance universelle. Souvenons-nous de ceci : Ramire n'était point un rêveur morose, et la solitude n'avait jamais assombri les bonnes gaietés de son caractère. D'ailleurs, il y avait un soleil en sa pensée. Le premier regard d'Isabel avait illuminé toutes les heures de sa vie.

Il était tout espoir, tout courage, tout élan. C'était bien vraiment un enfant généreux, ce mot étant pris dans le sens spécial qu'on applique aux vins des crus chauds et solides. Sa nature demandait à s'efforcer, à aimer, à vaincre.

Ramire pensait à ce brillant seigneur qui avait inopinément abandonné la cause de ses compagnons de plaisirs pour prendre son parti et se faire son second. Les moindres actions de don Vincent de Moncade se représentaient à sa pensée. Il le voyait d'abord, confondu parmi l'essaim fatigué des jeunes courtisans, et honoré de la première accolade du comte de Palomas; il le voyait ensuite frondant la royauté acceptée du neveu d'Olivarès, lui rompant en visière et envoyant ses largesses aux gueux que Palomas venait d'insulter. Puis arrivait l'incident relatif au mariage de Palomas avec l'héritière de Medina-Celi. Ramire se sentait le cœur serré à l'idée que Moncade pouvait être, lui aussi son rival. Mais s'il eût été son rival, ce Moncade si fier et si brave n'aurait-il pas parlé autrement? aurait-il laissé une autre épée sortir du fourreau pour la défense de sa dame?

D'ailleurs, la singulière sympathie qui l'entraînait vers Moncade le rassurait complétement à cet égard : un Espagnol ne peut pas aimer son rival. Il y a un instinct qui vaut mieux que tous les raisonnements du monde.

Les gueux avaient protégé la fuite de Moncade et de son protégé, après le duel dans la cour des Castro. Était-ce pure reconnaissance pour l'aumône d'un déjeuner? Sans doute, car le moyen de croire qu'il existât un lien quelconque entre ces misérables et le brillant marquis de Pescaire?

Mon Dieu! oui. Ramire commençait à voir plus loin que son ombre, pour employer la locution de son pays. Il sentait bien qu'il avait mis le pied dans le domaine des mystères. L'impossible ne l'arrêtait plus.

Mais que d'aventures, Seigneur, dans ce court espace de temps : une nuit et une matinée!

Les aventures sont comme les malheurs qui jamais ne viennent seuls. Ramire avait vécu toute une jeunesse, sans qu'aucun événement étrange ou dramatique eût rayé le poli de sa vie. Et maintenant les romans pleuvaient autour de lui. Depuis qu'il avait franchi cette porte du Soleil, on fraude des réglemen.s de l'audience, les péripéties ne lui donnaient point le loisir de respirer. Il avait surpris d'abord le complot d'un lâche assassin ; on était venu lui dire que sa maîtresse adorée était vendue au roi des raffinés de la cour ; il avait mis son épée dans la poitrine d'un comte, et maintenant il galopait sur un superbe cheval avec les habits d'un grand d'Espagne, lui qui naguère avait honte de son vieux pourpoint de buffle et de son manteau festonné par les années.

Parmi toutes les surprises de Mendoze, la plus persistante était celle que lui causait la subite amitié de Moncade. Il y avait là une énigme hautement posée. Ce n'était pas seulement la sympathie, ce n'était pas non plus le hasard qui lui avait valu les bons offices de Moncade. Les paroles étranges de ce dernier sonnaient encore à son oreille :

« Sauriez-vous me dire ce qu'il y a autour des trois éperons d'or, sur l'écusson d'azur ? »

La physionomie de Moncade était devant ses yeux, non moins étrange que la question elle-même.

Sa réponse à lui avait dû porter au comble l'erreur de Moncade. Évidemment Moncade ignorait le hasard grâce auquel notre Mendoze avait pu prononcer ces paroles qui avaient, dans les circonstances présentes, une si surprenante valeur : *Para aguijar à heron.*

La devise du médaillon de la morte.

A quoi avait trait cependant cette devise, devenue mot de ralliement ou de passe? Pourquoi l'avait-on choisie? Était-ce une de ces associations secrètes si communes en Allemagne et dans le Nord, mais qui fuyaient l'Espagne et son inquisition? Existait-il une conspiration?

Ramire se perdait dans ce dédale de pensées, mais sa course ne se ralentissait point pour cela. Il avait tourné court au confluent du Guadalquivir et du Rio-Menor ou Guadaïra. Il remontait maintenant au galop le cours de ce dernier. Il savait que la ville et le château de Alcala de Guadaïra étaient droit devant lui.

Ce qui le tenait, c'était un scrupule. N'aurait-il pas dû s'ouvrir à ce jeune homme si noble et si vaillant? Le père de son Isabel adorée aurait eu deux épées au lieu d'une à son service. Mais ces bonnes pensées viennent souvent trop tard ; et d'ailleurs, au milieu des circonstances bizarres et graves à la fois où Mendoze se trouvait, avait-il le droit de se fier aux apparences?

Il marchait sur une route inconnue. La meilleure vertu pour lui, c'était la prudence.

Et puis en définitive la bonne épée qui venait de tailler le pourpoint de Palomas, malgré la fameuse riposte de pied ferme, ne suffisait-elle pas contre une demi-douzaine de brettes et de bandits?

Elle suffisait, par la sainte foi ! car Mendoze, à la seule pensée de la bataille prochaine, secouait ses cheveux inondés et se levait sur ses étriers en poussant un sauvage cri de guerre. Il était en goût de bagarre, notre bachelier. Cette atmosphère incendiée, loin de l'abattre, mettait tout son sang bouillant à son cerveau. Il avait hâte de voir autour de lui les rapières étinceler comme un cercle de feu. Il s'enivrait à la pensée de frapper.

Bien des gens nous l'ont dit : la fièvre se communique aisément du cavalier à la monture. Le bon cheval de Mendoze, une fois qu'il eut accoutumé ses muscles à cette énervante chaleur, comme le nageur fait sa chair frissonnante au froid de l'eau, poussa un court hennissement et se coucha sur ses jarrets d'acier. Le tourbillon s'élargit autour de lui et le choc de son sabot éveilla la campagne muette.

Le Rio Menor roulait ses flots transparents sur le sable rougeâtre de son lit. La rive fuyait, inclinant les bouquets languissants de ses fleurs.

Il était un peu plus de midi et demi quand Ramiro aperçut, au-dessus des arbrisseaux du rivage, les clochers et les tours de Alcala, vieille cité punique toute rajeunie par sa parure de dentelles mauresques. La forteresse, servant de prison d'État, était située au delà de la Guadaira, à une demi-lieue au sud des derniers moulins. Alcala méritait dès lors son nom de ville des boulangers ; elle fournissait à Séville ce fameux *pan de dios*, que les Romains vantaient déjà au temps des guerres carthaginoises.

Ramiro traversa la Guadaira à gué ; il remonta la rive gauche pendant quelques minutes encore, puis il coupa, toujours galopant, au travers d'un sol rocheux et brûlé où le cactus étalait ses redoutables buissons couronnés de pourpre. La forteresse lui apparut bientôt avec son enceinte de ciment rougeâtre et son énorme tour carrée à qui la tradition assignait pour père Hasdrubal. Tout alentour, le sol était ras et complétement dépouillé ; les palmiers nains ne commençaient à ramper sur la terre desséchée qu'à plus de cent toises de l'enceinte.

Ramiro alla jusqu'aux palmiers pour mettre pied à terre. Il attacha son cheval aux branches et le laissa vautrer dans le sable son ventre haletant. Il avait peur d'être en retard ; il prit sa course vers la prison.

Ici, comme au bord de la Guadaira, c'était la solitude, mais le sommeil de la vallée semblait sourire, tandis qu'il y avait sur ce tertre une mortelle désolation. Des ruines qui laissaient voir le tracé d'une citadelle antique couvraient la majeure partie du sol. Çà et là s'élevaient encore des pans de murailles presque entiers sur lesquels essayaient de croître quelques maigres lianes et des jasmins jaunes à la tige desséchée. L'enceinte nouvelle, datant du règne de Philippe II, paraissait toute neuve au milieu de ces débris : elle avait la forme d'un pentagone irrégulier. Les murailles étaient hautes et faites de carreaux de ciment ou torchis, grossièrement superposés. Ramiro, marchant d'un pas rapide et inquiet, en fit trois fois le tour, cherchant à connaître par les bruits de l'intérieur ce qui pouvait se passer derrière ces murs.

Mais à l'intérieur il n'y avait aucun bruit.

L'enceinte était percée de cinq portes. Trois regardaient la ville, assise de l'autre côté de la rivière; la quatrième s'ouvrait sur un chemin creux qui conduisait à un moulin isolé, dont les ailes endormies attendaient en vain un souffle de vent. Ce moulin était situé à trois ou quatre cents pas de l'enceinte. La cinquième ouverture, poterne basse pratiquée dans le mur du sud, donnait sur les ruines antiques.

Ce fut devant cette dernière que Ramire s'arrêta, parce qu'il vit des os de bœuf à droite et à gauche du seuil. Les planches de la porte gardaient en outre des traces luisantes et noirâtres. Ce devait être l'entrée des bouchers.

Il mit son œil à la serrure, il ne vit rien qu'une grande cour déserte.

Son oreille remplaça son œil, il n'entendit rien. La prison était muette comme ces châteaux des poèmes de la chevalerie sur lesquels pèse la main d'un enchanteur.

Et cependant c'était bien l'heure de la méridienne. Le crime était-il déjà commis? Ramire arrivait-il trop tard?

Il s'éloigna, le cœur serré. Il essaya de gravir un pan de mur en ruines, afin de porter au moins son regard à l'intérieur. Pendant qu'il montait, s'attachant des pieds et des mains au torchis brûlant, il entendit le mugissement d'un bœuf. Il tourna la tête vivement. Son œil pouvait déjà plonger dans la cour. Il n'y vit personne, mais une porte était ouverte tout au bout des constructions attenantes à la tour carrée. Un second beuglement se fit entendre. Il partait de là.

Ramire se coucha au sommet de son mur. Il devinait des mouvements dans l'ombre qui était au delà de la porte. Il avait peur d'être vu.

Bien lui en prit de s'être avisé de cette précaution, car au moment même où sa tête abaissée se confondait avec les profils des ruines, un homme sortit à demi de l'ombre de l'étable. Il posa sa main en visière sur ses yeux, comme pour mieux examiner la muraille ruinée. Il parla, tout bas sans doute, car Mendoze ne put entendre même le son de sa voix. Cet homme portait le costume des soldats mercenaires qui abondaient alors en Espagne. A son appel, deux autres têtes parurent à la porte de l'étable. L'un des nouveaux venus avaient sa chemise relevée jusqu'aux coudes. Ramire crut reconnaître la puissante carrure et les cheveux hérissés du boucher Trasdoblo.

Les trois hommes restèrent une longue minute les yeux fixés sur le mur. Ramire était immobile comme si on l'eût changé en pierre. Les gestes de ceux qui le guettaient traduisaient pour lui leurs paroles qu'on ne pouvait entendre. Ils devaient se dire :

— Nous nous sommes trompés. Il n'y a personne dans ces ruines.

La muraille à laquelle se cramponnait Ramire était entre ces hommes et l'ardent soleil du midi. La lumière trop vive aveugle aussi bien que les ténèbres.

Là-bas, ils continuaient de se consulter. Les trois premiers sortis démasquèrent la porte.

Quatre autres se montrèrent. Mendoze en put compter ainsi jusqu'à sept. C'était justement le chiffre annoncé, la nuit dernière, sur la place de

Jérusalem, par l'interlocuteur nocturne à qui Trasdoblo donnait le nom de Pedro Gil.

Sur les sept, six avaient ce harnais du soldat mercenaire, un peu plus désordonné que le costume des brigands de nos mélodrames modernes. Ils étaient armés jusqu'aux dents. Trasdoblo avait à la main une hache fraîchement affilée, qui étincelait au rayons du soleil.

Par suite sans doute du conseil qu'ils venaient de tenir, Trasdoblo se coula le long des bâtiments en retour, et s'abrita derrière un angle de la muraille pour jeter aux fenêtres grillées du grand donjon un regard inquiet. Ramire suivit ce regard et n'aperçut rien aux fenêtres. Trasdoblo revint vers ses compagnons, qui mirent bas lestement leurs justes et leurs buffleteries. On fit un tas de tout cela dans l'étable.

Les six soudards étaient devenus des garçons bouchers. Trasdoblo leur attacha lui-même le tablier de cuir.

Mais Ramire voyait toujours reluire les longues épées derrière le seuil.

Tous rentrèrent. Le bœuf qui avait mugi rendit dans l'étable ce grand et lugubre gémissement des bestiaux qu'on abat. Trasdoblo ne perdait point son temps. Il vaquait à l'une de ses tâches en attendant l'autre. Un brutal éclat de rire suivit le cri d'agonie du bœuf, puis le silence se fit.

La chaleur accablante, l'impatience, l'attente, l'émotion, donnaient à Ramire une sorte de vertige. Le bout de ses doigts s'incrustait dans le ciment, dur comme la pierre; l'idée lui montait au cerveau que la ruine allait fléchir sous lui. Il éprouvait cette étrange sensation de balancement qui prend l'homme au bord du précipice.

Sa tête lui pesait. Des éblouissements passaient devant ses yeux.

Au plus fort de cet état où la pensée étonnée cesse de se fier au témoignage des sens, Ramiro crut entendre un grincement léger au dessus de sa tête.

Il leva les yeux instinctivement.

Le bruit venait de l'étage supérieur du donjon. La portion de la tour carrée qui faisait face à Ramiro recevait en plein la lumière du soleil, et pourtant ses yeux fatigués ne distinguèrent rien d'abord. Le grincement cependant continuait. Guidés par ce bruit, les regards du jeune bachelier se fixèrent avec un effort intense sur la plus haute fenêtre du donjon.

Il vit enfin, comme si un voile se fût déchiré pour lui, une tête et un corps de prisonnier à cette fenêtre, dont les barreaux étaient arrachés déjà. La tête se penchait pour inspecter la cour. L'homme était demi-nu. On distinguait les muscles de sa robuste poitrine, sur laquelle tombaient en désordre des flots de barbe et de cheveux.

De la fenêtre, il était absolument impossible au prisonnier de voir la porte de l'étable. Deux choses faisaient obstacle : le renflement de la tour à l'étage inférieur et la saillie des bâtiments surajoutés.

Le prisonnier prêta l'oreille; puis, prenant son parti sans doute, il mit le pied sur l'appui de sa croisée.

Le cœur de Mendoze sauta dans sa poitrine. Il eut envie de crier.

Mais sa voix serait allée vers l'étable comme vers le donjon. C'eût été donner l'éveil aux assassins.

Et Mendoze sentait que ce captif, pendu déjà aux barreaux de son cachot, faisait bien de jouer sa vie, même sur cette chance désespérée.

Le corps entier se montrait maintenant en dehors de la fenêtre. Les jambes n'avaient pas plus de vêtement que la poitrine.

Celui-là devait être un rude combattant : vous eussiez dit une statue de marbre.

Au premier mouvement qu'il fit, Ramire devina le motif de sa nudité. Son premier mouvement, en effet, fut de tirer en dehors une corde préalablement attachée aux tronçons des barreaux de la fenêtre.

Cette corde, noueuse et inégale, gardait les diverses couleurs du linge et des habits qui avaient servi à sa fabrication.

La corde déroulée atteignait à peine la première saillie du donjon. Ramire eut froid dans toutes ses veines.

Le prisonnier saisit la corde d'une main assurée. Son pied allait quitter l'appui de la fenêtre lorsqu'il s'arrêta tout à coup, immobile et l'œil fixé sur les ruines.

Il venait d'apercevoir Mendoze.

Mendoze devinait toutes ses impressions sur son visage. Le captif croyait avoir affaire à un espion posté en ce lieu pour examiner sa cellule.

Par un mouvement instinctif, Mendoze mit la main sur son cœur.

Le prisonnier s'inclina gravement, fit le signe de la croix et se pendit à la corde. Il parvint en peu de temps à la première saillie.

Mais comment aller au-delà, à moins d'avoir des ailes ?

Le prisonnier assura ses pieds sur la saillie et leva la tête.

Ramire, tremblant et bouillant de fièvre, le vit arrondir ses deux mains autour de ses lèvres. Le prisonnier avait tout bas appelé sans doute, car, à la place même où il s'était montré pour la première fois, une blonde tête d'enfant apparut.

Le prisonnier lui envoya de la main un caressant baiser.

L'enfant, à l'aide de ses petits doigts malhabiles, attaqua le nœud, reserré par tout le poids d'un homme. Il fut longtemps à le détacher, si longtemps que la sueur froide ruissela plus d'une fois sur les tempes de Mendoze.

Le prisonnier s'était assis. Il attendait patiemment.

Enfin, la corde détachée tomba sur la saillie. Le prisonnier la saisit et l'attacha aux barreaux d'une fenêtre, puis il remercia d'un geste l'enfant, qui alors, souriant et tout heureux, battit des mains après lui avoir envoyé son baiser.

Jusqu'à ce moment la tentative d'évasion du captif avait été profondément silencieuse. Mendoze frémit au léger bruit que produisirent en se choquant les petites mains de l'enfant. Il avait raison de frémir. Deux ou trois sombres visages de coquins parurent en effet à la porte de l'étable. Mendoze voulut signaler le danger au prisonnier, mais celui-ci avait déjà tourné le dos. Il était suspendu à la corde, et commençait la seconde étape de son terrible voyage.

La longueur de sa corde le conduisait cette fois à l'étage qui dominait immédiatement les bâtiments et communs dont l'étable de Trasdoblo formait l'extrémité la plus orientale.

Pendant qu'il descendait à la force de ses bras, Mendoze vit les braves déguisés en garçons bouchers se glisser le long de leur masure, et regarder comme Trasdoblo l'avait fait une première fois. Ils durent apercevoir le prisonnier, car ils se replièrent vivement vers l'étable en courbant l'échine et en se faisant petits.

Ils se partagèrent les épées qui étaient derrière la porte.

Trasdoblo seul ne prit que son coutelas de boucher.

Jusqu'à présent, Mendoze avait assisté à cette scène comme on assiste aux capricieuses illusions d'un rêve. En ce moment la pensée de l'œuvre qu'il avait entreprise surgit en lui avec une soudaine violence, en même temps qu'il avait la conscience de sa complète inutilité. Ces deux idées illuminèrent brusquement la nuit de son cerveau. Un râle sortit de sa poitrine. Il eut un accès de fiévreux désespoirs et tordit ses bras impuissants.

Isabel ! c'était le père d'Isabel qui descendait le long de cette corde, et que chacun de ses efforts rapprochait du guet-apens où il allait laisser sa vie! Et nul moyen de le secourir ou même de l'avertir?

Mendoze mesura de l'œil la hauteur du mur d'enceinte : cet obstacle était infranchissable. Tout à l'heure il avait éprouvé le battant de la poterne; il l'avait trouvé ferme sur ses gonds; en poussant, il avait même senti la résistance de la barre massive qui le soutenait à l'intérieur.

Et pourtant Mendoze était là pour agir. Son immobilité le tuait. Mille expédients insensés, impraticables, lui venaient à l'esprit : tantôt il voulait éveiller les gardiens et dénoncer le crime; tantôt il voulait se lever tout droit et appeler à haute voix les bandits au combat.

De toutes ses imaginations, ces deux-là étaient les moins folles. Or, leur résultat immédiat devait être de resserrer les chaines du captif. Il hésitait, mais il allait peut-être céder aux entrainements de la fièvre qui lui brûlait le sang, lorsque son attention fut attirée de nouveau vers le prisonnier qui arrivait pour la seconde fois au bout de sa corde.

Il n'y avait plus personne pour la détacher et lui fournir un troisième champ.

Mendoze vit bien tout de suite que le fugitif avait compté là-dessus.

Celui-ci lâcha en effet résolument sa corde, et parvint à s'accrocher à la corniche du second étage de la tour. Se soutenant d'un seul bras, il passa son autre main dans une étroite écharpe qui lui servait de ceinture et que Mendoze n'avait point remarquée. Il y prit un morceau de fer aiguisé qui était sans doute un fragment des barreaux de sa prison.

Cela pouvait faire office de clou et aussi de poignard.

Cela fut clou d'abord. Le captif l'enfonça entre deux pierres et put faire un pas de plus vers le sol. Puis son doigt, crispé dans le trou même du morceau d'acier, le soutint une seconde et lui permit de ficher de nouveau son outil.

Mendoze le vit franchir ainsi une demi-douzaine de pieds.

Son cœur bondissait, son pauvre cœur, prisonnier aussi et enchaîné par l'impuissance. Il aimait cet homme, non plus seulement pour sa fille, mais encore pour sa vaillance héroïque. Il l'admirait passionnément dans son travail acharné. Ce qu'il demandait à Dieu, c'était de mourir en le sauvant.

Un cri d'angoisse s'étouffa dans sa poitrine. Il avait perdu de vue les bandits pendant un instant. Son regard, en s'abaissant, les aperçut rangés et collés à la muraille, immédiatement au-dessous du captif.

Ils attendaient sa chute.

Mendoze fut frappé comme d'un coup de massue.

Mais une idée jaillit de ce choc. Ne pouvait-il imiter l'exemple du prisonnier et escalader l'enceinte par un moyen semblable ? Une fois dans la cour, il se voyait déjà tombant l'épée à la main, sur ce troupeau d'assassins, frappant d'estoc, frappant de taille, et délivrant le père d'Isabel. Toute sa force lui revint. Il sentit renaître toute sa présence d'esprit. Son œil mesura exactement la route que le captif avait encore à parcourir ; il se dit : J'aurai le temps.

Mendoze quitta sa position au sommet de la ruine. A quoi lui servait ce poste, où l'on pouvait observer, il est vrai, mais où l'on ne pouvait point agir? Au bas du pan de muraille, un poteau était planté en terre pour attacher l'attelage de Trasdoblo, car la poterne était trop étroite pour donner passage à une charrette. D'un fendant, Mendoze fit éclater l'extrémité supérieure du poteau. Il choisit deux copeaux courts et solides; il en amincit le bout, de façon à former deux espèces de coins. Muni de ces moyens d'escalade, il courut vers la muraille d'enceinte et commença incontinent à la gravir.

Ses coins entrèrent sans trop de peine dans les interstices des carreaux de torchis.

En une minute, il eut accompli la moitié de sa tâche.

Mais, à cette hauteur, le mur se trouva plein et bâti d'une seule pièce; Mendoze, obligé de percer le trou de ses coins avec la pointe de son épée, n'avança plus qu'avec une extrême lenteur.

Le découragement le prenait, car il se disait : Le duc doit avoir atteint maintenant le toit des communs; dans quelques secondes, je vais entendre son cri d'agonie!

Il écoutait alors, immobile et réprimant jusqu'à son souffle. Aucun bruit ne venait de l'intérieur de la forteresse. C'était toujours le même silence morne et profond.

Le duc avait-il été poignardé? lui avait-on fendu le crâne sans qu'il eût poussé un seul cri?

Mendoze, à cette pensée, faisait un effort ter-

rible et avançait d'un pas : s'il n'espérait plus
sauver, il voulait venger.

Mais l'épuisement avait raison bientôt de son
paroxysme. Ses mains, amollies et baignées de
sueur, s'engourdissaient. Le soleil ardent, impitoyable, frappait d'aplomb le torchis blanchâtre
où il était suspendu comme un fruit à l'espalier.
Tout ce que Mendoze touchait le brûlait. A chaque
instant, le vertige faisait tournoyer son cerveau.
Il se sentait vaciller comme un homme ivre, et sa
tête, plus lourde que tout son corps, l'entraînait
à se précipiter vers le sol.

Et pourtant il travaillait toujours, il approchait
du faîte. Tantôt ce grand silence le navrait comme
une certitude de mort ; tantôt il y puisait une
espérance dont l'intensité soudaine participait de
son transport.

Un bruit se fit comme il enfonçait un de ses
coins, à une demi-toise environ du sommet de la
muraille. Ce bruit lui répondit dans la tête et dans
le cœur. Il eut un tressaillement si violent qu'il
faillit perdre l'équilibre.

Il s'arrêta pour prêter l'oreille. Ce ne fut pas en
vain : une série d'autres bruits lui arriva.

Le premier avait sonné lourd comme la chute
d'un corps pesant sur le sol.

Mendoze savait ce que c'était. Il s'étonnait seulement que le duc eût mis tant de temps à descendre.

Les secondes lui avaient semblé des heures.

Les autres bruits se mêlaient et se succédaient,
changeant à chaque instant de nature. On ne parlait point ; encore moins criait-on. Il y avait de

rapides cliquetis, puis des ébranlements profonds. Une fois, la muraille fut heurtée et trembla comme si elle eût subi le choc d'un projectile pesant.

Croyez que Mendoze n'écouta pas longtemps. Le duc était en vie, voilà ce qu'il conclut de ces bruits de mêlée. Le duc se battait. Avec quelles armes ? Vive Dieu ! Mendoze allait le savoir, car d'un suprême élan il parvint à mettre un genou sur son pieu. Sa main se crispa sur le faîte de la muraille. L'escalade était accomplie.

Il vit de son premier coup d'œil le prisonnier, ce corps de bronze, debout et tête haute, au milieu de sept assassins. Sa poitrine avait des traces sanglantes et ses cheveux dégouttaient rouges, parce qu'il portait une blessure au front ; mais son œil brûlait, mais les muscles de son torse saillaient comme des cordes.

Il s'était adossé à l'angle formé par l'étable et le reste des communs. Sous ses pieds était un tas de pierres plates comme celles qui servent à daller les abattoirs. Il tenait de la main droite une de ces pierres, de la main gauche un os de bœuf, long, gros, rouge et qui certes ne devait pas être une arme méprisable au bout d'un bras comme le sien.

Au moment même où la tête de Mendoze dépassait le mur, les sept bandits se ruèrent tous ensemble sans prononcer une parole. Le duc, également silencieux, en fit rouler deux dans la poussière d'un coup de sa dalle lancée à tour de bras. Un troisième tomba sur les genoux, le front fêlé par un coup de fémur de bœuf.

Les autres reculèrent.

Le sang du duc coulait par deux nouvelles blessures.

XI

SAMSON ET LES PHILISTINS

C'était une étrange bataille. Ceux qui attaquaient et celui qui se défendait craignaient également de faire du bruit. La venue des vrais gardiens de la forteresse eût mis en fuite les assassins et rouvert pour la victime les portes détestées de la prison.

Il y avait entre ce lion acculé et les chiens qui le pressaient une sorte de convention tacite. Les chiens n'aboyaient pas et le lion s'abstenait de rugir.

Tout ce que nous avons raconté au précédent chapitre s'était passé en quelques minutes. Il y a des instants où les événements vont vite. Nous avons tout vu jusqu'à présent par les yeux de Mendoze, sauf ce qui avait eu lieu à l'intérieur de la cour des bouchers, pendant que Mendoze escaladait le mur.

La cour des bouchers était complètement séparée du reste de la forteresse. On n'y mettait point des sentinelles, parce que la double porte de communication qui permettait l'introduction des viandes était fermée à demeure. La nuit, et aux heures de la sieste, un énorme chien y veillait seul.

Le cadavre du chien était maintenant dans l'étable.

Les assassins avaient pris d'avance les précautions dont aurait dû s'aviser le prisonnier fugitif.

Comme cette cour des bouchers ne faisait point partie de l'enceinte gardée, Trasdoblo en avait la clef, soit pour tuer dans l'étable servant d'abattoir, soit pour introduire sa viande toute débitée. Les rondes étaient rares de ce côté. Trasdoblo entrait et sortait comme il voulait. Les guichetiers, les porte-clefs, tout ce luxe de comparses obligés formant le personnel d'une prison, ne manquaient nullement à la royale forteresse de Alcala, mais ils étaient relégués au delà de la porte fortifiée qui défendait l'intérieur du château.

C'était quand maître Trasdoblo demandait pour sa marchandise l'entrée des bâtiments, qu'on entendait la musique des grosses clefs, des pênes rouillés et des gigantesques verrous.

Les exagérations de la propreté ne purent en aucun temps être reprochées à la nation espagnole. Trasdoblo était Espagnol et boucher. Il jetait ses *issues* dehors quand il avait le temps, dedans quand c'était sa fantaisie.

Issues est le terme technique pour désigner ce qui, dans un animal, n'est ni viande ni cuir.

La cour de Trasdoblo ressemblait à un cimetière pavé d'ossements, ce qui n'empêchait point qu'on trouvât encore des ossements à cinquante pas à la ronde, dans la campagne au delà de la porte.

De nos jours, Trasdoblo eût fait commerce de tout cela. Sa bourse y eût gagné, la santé des prisonniers aussi, car tous les ans, aux jours caniculaires, les issues des bestiaux de Trasdoblo procuraient quelque bonne petite peste à la forteresse de Alcala de Guadaira.

Les médecins de Séville avaient beaucoup disserté sur cette maladie d'un caractère particulier; on lui avait trouvé un nom nouveau, très scientifique, mais aucun de ces doctes seigneurs n'avait songé à faire nettoyer la cour.

Nous avons perdu de vue notre fugitif au moment où Mendoze quittait son poste sur la muraille en ruine pour tenter l'escalade de l'enceinte.

A l'aide de son barreau de fer aiguisé, le prisonnier n'eut pas de peine à gagner la toiture plate des communs. Il s'arrêta là quelques secondes pour reprendre haleine, et aussi pour s'orienter, car de la croisée de son cachot on ne pouvait apercevoir qu'une très minime portion de la cour. La toiture était plate; son rebord surplombait de beaucoup et formait, comme c'est l'habitude dans l'Espagne du midi, une profonde corniche au-devant des bâtiments. La descente devait être infiniment plus facile ici que dans la dernière étape fournie par le fugitif.

Cependant il ne se pressait point. Il parcourut, en étouffant le bruit de ses pas, la terrasse tout entière, regardant et guettant, tâchant surtout de voir au-dessous de lui. Évidemment il sentait le piège tendu.

Les assassins, comme nous le savons déjà, étaient collés au mur des communs. Le prisonnier restait dans l'impossibilité de les apercevoir. Deux ou trois fois, il se pencha en dehors de la saillie des terrasses et prêta une oreille attentive.

Trasdoblo et ses compagnons l'entendaient aller et venir sur le toit sonore. Ils se tenaient prêts. Ils comptaient se ruer autour de lui dès qu'ils le verraient suspendu à la corniche, et le recevoir à la pointe de leurs épées.

Le prisonnier, comme s'il eût deviné leur dessein, fit pour la deuxième fois le signe de la croix et sauta résolument de son haut. Il trébucha en tombant, mais il se releva rapide comme l'éclair, et sans prendre souci de regarder autour de lui, il courut tout d'un temps à l'amas de débris qu'il avait remarqué.

Il choisit l'os que nous lui avons vu en main. L'os était frais et encore tout sanglant. Au moment où il se retournait en le brandissant, les assassins s'élancèrent sur lui tous à la fois.

Dans les combats il y a autre chose que l'arme, autre chose que la position, autre chose que la force, que l'adresse et que la vaillance même. Sans cela, comment expliquer certains faits de guerre presque incroyables? Sans parler de ces ponts traversés sous la bouche des canons vomissant la mitraille, puisque le hasard ici peut protéger le prédestiné, que dire de ces prodigieuses escalades où le champion suppléait à l'échelle trop courte par la bonne trempe de son poignard, et faisait, en face des haches, des hallebardes, de la poix bouillante et du plomb fondu, cet exploit que notre pauvre Ramire a eu naguère tant de peine à accomplir dans la solitude?

Il y a le prestige, il y a le pouvoir dominateur

de la vaillance, il y a la victoire de l'esprit sur la matière.

Ici, comme partout, l'unité peut mater le nombre, quoique la force de l'unité, dix fois multipliée par son pouvoir propre, vaillance, adresse, agilité, tactique, reste beaucoup au dessous de la force réelle du nombre.

Le prisonnier n'avait pour arme que ce fémur de bœuf qu'il brandissait comme une massue. Sauf Trasdoblo, tous les hommes qui se ruaient sur lui étaient des soldats, et ils avaient leurs épées. Cependant le prisonnier sortit du premier assaut sans blessure, après avoir terrassé trois des assassins.

Si la porte de la cour donnant sur la campagne avait été ouverte, le prisonnier aurait pu fuir en ce moment, mais il y avait cette lourde barre engagée des deux côtés dans le mur.

Le temps de l'enlever, le fugitif eût été percé de cent coups par derrière.

Les assassins se reformèrent après un instant d'hésitation. Le prisonnier avait eu le temps de gagner l'amas de dalles sur lequel il prit position comme en un fort. Là il était protégé de deux côtés par l'angle rentrant des bâtiments.

Au second choc, les assaillants avancèrent en bataillon serré. Trasdoblo avait conseillé de frapper sur le fémur de bœuf, afin de le briser. Mais le romancero du bon duc compare son os sanglant à la mâchoire d'âne qui servit à Samson pour exterminer toute une armée de Philistins. On ne l'entama ni au second ni au troisième assaut. Au quatrième, le duc, saisissant pour la première fois une dalle, repoussa les mercenaires jusqu'à l'enceinte, et ce fut le choc de ce projectile qui fit trembler la muraille sous les pieds de Ramire.

Les assassins, on peut le dire, étaient déjà couverts de coups, mais ils restaient tous les sept debout et la colère se mettait de la partie. Le premier effet du prestige s'en allait faiblissant. Sur le corps nu du duc on distinguait trop bien les blessures dont chaque assaut augmentait le nombre. La sueur et le sang collaient ses cheveux à son visage.

Le lion était terrible encore; cependant on voyait poindre les premiers symptômes de l'épuisement qui allait le dompter.

— Il a soif! dit Trasdoblo, qui voyait sa gorge haleter; ne le laissons pas souffler!

Ce fut à ce moment que la tête de Mendoze parut au-dessus du mur. Nul ne l'aperçut d'abord, car les combattants étaient aux prises. En voyant les assassins se jeter avec furie sur cet homme seul et désarmé, Mendoze fut saisi de terreur. Puis la colère donna de la force à ses mains, qui soulevèrent son corps et le portèrent sur le faîte même du mur qu'il enfourcha comme un cheval.

Puis encore l'admiration lui dilata le cœur : il venait de voir le prisonnier repousser le quatrième assaut avec sa massue improvisée, attaquer à son tour pour tâcher de conquérir une épée, glisser dans le sang, tomber, se relever sous le fer même des bandits, et les repousser encore avant de regagner son abri.

Cet homme était splendide de sang-froid, de résignation et de vaillance.

Mais, en regagnant l'angle où il avait établi son fort, ses jambes chancelaient. Mendoze le vit porter sa main à sa poitrine.

Mendoze mesura de l'œil le saut qu'il fallait faire pour lui venir en aide. Le sol de la cour était en contre-bas. Mendoze n'hésita point devant l'énorme distance à franchir, mais il voulut prendre une position convenable afin d'assurer sa chute.

C'était un sauveur qu'il fallait là-bas, non point un blessé.

Pendant qu'il se mettait debout pour prendre son élan, le prisonnier, accoté dans l'angle des bâtiments, haletait comme un brave coursier qui rassemble ses forces pour fournir une dernière carrière. Il gardait la tête haute. Par deux fois son regard se leva vers le ciel. Au mouvement de ses lèvres, Mendoze devinait qu'il priait.

Il priait en effet ; il disait à Dieu :

— Une épée, Seigneur, une épée !

C'était là l'oraison du bon duc.

Richard d'Angleterre offrait son royaume pour un cheval ; le duc eût donné pour un morceau de fer son palais de Séville et son palais de Grenade, ses châteaux d'Estramadure et ses domaines de Léon, ses plaines, ses montagnes, l'or de ses coffres, et le sang de ses veines par dessus le marché.

— Une épée, Seigneur Dieu !

— Par saint André ! s'écria Trasdoblo, voilà un taureau qui a la vie dure ! C'est le cas de faire un vœu : Je promets dix réaux au tronc de la Caridad si nous en venons à bout !... Allons, mes maîtres !

13.

je ne suis pas un homme de guerre comme vous, moi ; mais il s'agit de ma place et peut-être de ma peau. En avant ! ne le laissons pas souffler.

Les mercenaires n'avaient certes point compté sur une besogne si rude. Ils étaient tous plus ou moins entamés ; Trasdoblo seul restait sans blessure. Mendoze entendait leurs blasphèmes étouffés.

— Que le Diable nous tourmente pendant toute l'éternité ! dit celui qui paraissait leur chef, si nous ne l'avons pas cette fois ! Il est hors d'haleine. Attaquons ferme, et que personne ne lâche pied !

Ils s'ébranlèrent non plus en courant, mais au pas.

Le prisonnier, en les voyant venir, se remit résolûment en garde. Mendoze plia les jarrets : c'était le moment.

Les assassins, cependant s'arrêtèrent tout à coup. Ils venaient de voir la physionomie de leur adversaire changer soudain et s'éclaircir. Ils comprenaient qu'à leur insu quelque chose de nouveau se passait sur le champ de bataille. Trasdoblo se retourna le premier et aperçut Ramire suspendu en quelque sorte au-dessus du vide.

Une malédiction s'échappa de sa gorge.

Le prisonnier étendit la main vers Mendoze avec un geste de souverain commandement.

— Reste ! ordonna-t-il.

Les mercenaires avait déjà fait volte-face et s'étaient élancés vers le mur pour recevoir le nouveau venu au moment de sa chute.

Mendoze se mit à courir sur l'arête du mur,

cherchant un endroit libre pour sauter. Évidemment l'ordre du captif n'était rien pour lui.

Le prisonnier reprit de sa voix calme et sonore :
— Au nom de ton père et de ta mère, jeune homme, garde ta vie, qui ne sauverait pas la mienne! Ce n'est pas un aide qu'il me faut, c'est une arme. Jeune homme, donne-moi ton épée, au nom de ta mère et de ton père!

Mendoze l'avait à la main, son épée, tout prêt à s'élancer qu'il était. Tout son sang espagnol se révoltait dans ses veines et lui défendait d'obéir.

— Oh! le beau défenseur! ricana un mercenaire.

Et Trasdoblo ajouta avec son gros rire :
— Un chat sur un toit!

Le prisonnier tendit ses mains, dans l'attitude de la supplication.

— Les minutes sont du sang, fit-il d'une voix assourdie, mais qui arrivait nettement à l'oreille de Mendoze. Ton épée, enfant, au nom de la jeune fille que tu aimes, ton épée! ton épée.

Mendoze baissa la tête et s'arrêta.
— Soyez donc obéi, dit-il, au nom de celle que j'aime!

Son épée décrivit un cercle et sortit de ses mains en sifflant, il voulait la jeter aux pieds du prisonnier, mais le défaut d'équilibre dérangea son mouvement. L'épée alla tomber au milieu de la cour, à peu près à égale distance des assassins et du prisonnier.

Des deux parts, on se précipita pour la saisir : le bon duc toujours silencieux, le troupeau des mercenaires laissant échapper une sourde rumeur. Mendoze était à genoux, défaillant et maudissant sa maladresse. Il lui sembla que les assassins arriveraient les premiers. Le captif, alourdi par une immobilité de quinze années, perdait du terrain.

Mendoze, malheureusement, ne se trompait point. Le chef des braves, plus agile que ses compagnons, atteignit en quelques bonds la place où était l'épée. Il se baissa triomphant pour la saisir. Le fémur de bœuf, lancé d'une main vigoureuse par le prisonnier qui n'avait point arrêté sa course pour cela, le frappa au sommet du crâne et le rejeta, privé de sentiment, sur ceux qui le suivaient.

Mendoze battit des mains.

La confusion que la chute du capitaine avait mise dans les rangs des assaillants ne dura qu'une seconde. Ce fut assez. Le duc avait l'épée à la main.

Sa large poitrine rendit une sorte de rugissement joyeux. Il regarda la lame brillante avec ravissement et lui donna un baiser plein de passion.

Il se redressa de toute la hauteur de sa taille. Mendoze, émerveillé, le vit grand comme un chêne.

Mendoze n'avait plus peur. Celui-là semblait désormais invincible.

— Coupez-lui la retraite, dit cependant Trasdoblo, qui donnait volontiers des conseils.

Les bravi, en effet, entourèrent le duc pour l'empêcher de s'acculer au mur de nouveau. Mais c'était un soin superflu. Le bon duc n'était plus en humeur de reculer.

Trois des soldats l'attaquèrent à la fois, tandis que les trois autres se tenaient en garde, prêts à fondre sur lui s'il y avait jour.

L'épée de Mendoze, vive Dieu ! n'avait jamais été si bien emmanchée. Elle exécuta un flamboyant moulinet. Un des soldats roula sur le sol, la tête fendue ; un second s'affaissa : il avait du rouge à la gorge.

Ce ne fut plus une bataille. Le duc, qui s'était défendu avec un os de bœuf, devenait trop fort maintenant qu'il avait une épée. Chacun de ses coups portait terriblement. Il chercha bientôt ses ennemis. Quatre bravi étaient étendus dans la poussière. Les deux autres étaient rentrés sous terre. Quant au redoutable Trasdoblo, il ne restait là que son' couteau de boucher, qu'il avait abandonné pour mieux courir. Trasdoblo avait eu l'heureuse idée de se réfugier derrière le grand cadavre du bœuf récemment abattu.

Le duc essuya son épée à la casaque d'un bravo, et gagna la porte dont il retira la barre.

Il était libre.

La porte ouvrait devant lui la vaste perspective de la campagne déserte. Il resta un instant immobile sur le seuil, tant était puissante l'émotion qui le tenait.

— Les murs d'une prison ne me sépareront plus de tout cela, pensa-t-il tout haut ; désormais libre ou mort !

— Seigneur duc, dit Mendoze, qui se tenait debout près de lui, le feutre à la main, dans une attitude respectueuse, je suis ici pour vous servir.

Le prisonnier le regarda. Il recula d'un pas en

étendant les bras, et son visage exprima le comble de la surprise.

— Luiz ! murmura-t-il, est-ce possible, cela ! Mais un nuage passa aussitôt sur son front.

— Il y a dix-huit ans ! prononça-t-il avec tristesse ; le temps ne s'est pas arrêté pendant que j'étais là dedans. Les jeunes gens d'alors sont presque des vieillards.

Sa tête se courba ; quand il la releva, il y avait dans ses yeux des larmes et un sourire.

— En revanche, reprit-il, l'enfant qui était au berceau est devenu une belle jeune fille...

— Belle comme les anges de Dieu ! prononça tout bas Mendoze.

Le prisonnier se tourna vers lui et demanda :

— Jeune homme, de qui parlez-vous ?

— Je parle, répondit Ramire en rougissant, de doña Isabel de Guzman, votre fille, seigneur.

Le bon duc lui prit les deux mains et fixa sur lui son regard perçant.

— Elle est grande ? fit-il d'une voix qui tremblait ; a-t-elle le front noble de sa mère ? et ses yeux ? et ses cheveux ? Se peut-il qu'un père ne connaisse pas sa fille !

Mendoze allait répondre, lorsqu'un mouton se mit à bêler là-bas parmi les palmiers rampants.

Le prisonnier tressaillit.

— La fin de la méridienne approche, dit-il en changeant soudain de ton ; je ne crains pas ceux que je viens de combattre : ils n'ont garde de donner l'éveil à la forteresse ; mais je crains tous ceux que nous allons rencontrer sur la route. Dans l'état où je suis, chacun me remarquera.

Mendoze déroula vivement son manteau.

Le prisonnier regardait ses bras et ses jambes, où la sueur, le sang, la poussière, mêlait leurs souillures.

— Je ne puis voir mon visage, reprit-il, mais je devine l'air que je dois avoir.

— Vous sortez de l'enfer, seigneur, répondit Ramire.

— Et je ressemble à un démon, ajouta le duc, qui sourit sous le masque hideux que lui avait laissé la bataille.

Mendoze s'étonna de ce sourire. Cet homme était pour lui un géant, trop grand pour la gaieté, trop grand pour ce qui est notre nature et le niveau des choses humaines.

Chacun de nous a pu éprouver cela. Il est des gens qu'on voudrait entendre parler toujours en vers lyriques. Il semble qu'ils soient au-dessus des formes vulgaires dont nous nous servons pour rendre nos sensations et nos pensées. Ajoutez à cela que le duc avait un peu le costume d'un héros d'Homère, et qu'il venait de combattre, comme Ajax, avec des quartiers de rocher.

Mais Mendoze n'était pas au bout de ses étonnements, et rien ne ressemblait moins au duc de Medina-Celi que ces biscuits drapés selon une certaine convention qu'on appelle des personnages de tragédie. La romance du bon duc n'y va pas par quatre chemins ; elle dit en propres termes que Medina-Celi, la fleur de la grandesse espagnole, avait l'air d'un charbonnier en sortant de sa prison : son sang et celui de ses adversaires était sur tout son corps comme ces sauvages peintures dont les Indiens cannibales se font une toilette de combat.

Il repoussa le manteau que Mendoze lui tendait et dit :

— Ce n'est pas ce déguisement qu'il me faut.

Mendoze lui demanda :

— N'est-il pas dangereux de rester en ce lieu ?

Ils n'étaient qu'à une cinquantaine de pas de la porte, qui s'ouvrait maintenant toute grande. Le prisonnier s'assit sur un petit tertre où quelques brins d'herbe poussaient. Il en cueillit deux ou trois, et une larme roula sur sa joue.

— Quinze ans ! murmura-t-il ; je n'avais vu ni touché un brin d'herbe depuis quinze ans !

A la bonne heure ! ceci plut à Ramiro. Mais le prisonnier, se tournant vers lui brusquement, ajouta :

— J'ai de l'âge, mon garçon, et ils m'ont donné du fil à retordre. Laisse-moi souffler. Mes blessures ne sont rien, c'est la fatigue qui m'accable. Où as-tu mis ton cheval ?

Mendoze montra du doigt les massifs de palmiers nains.

— Je te voyais venir, reprit le duc en souriant, et je me disais là-haut, à la fenêtre de la cellule : Quel démon peut pousser un chrétien à voyager sous ce soleil ? La vengeance ? l'amour ? Est-elle bien belle, ta maîtresse, jeune homme ?

Le rouge monta au front de Mendoze.

— Demandez si les anges sont beaux, murmura-t-il.

— Tu m'as déjà parlé d'anges ! Les enfants d'aujourd'hui sont-ils si langoureux ? Laquelle

est la plus belle de ta maîtresse ou de ma fille?
— Seigneur? balbutia Mendoze.
— Tu es courtois, l'ami! A ton âge, j'aurais hardiment répondu : « C'est ma maîtresse... » Je ne te demande pas si tu es gentilhomme, puisque tu as interrompu ta route tout exprès pour secourir ton semblable.
— S'il plaît à Votre Grâce, dit Mendoze, je n'ai pas interrompu ma route. Ma route était achevée.
— Cela me plaira, mon fils, mais quand j'aurai compris toutefois. Que venais-tu faire dans cette solitude?
— Ce que j'y ai fait, seigneur.
— M'apporter ton épée?
Mendoze s'inclina en silence.
Le duc se releva sur le coude. Le regard qu'il jeta sur Ramiro fut si perçant que celui-ci baissa les yeux.
— Qu'y a-t-il autour de l'écusson aux trois éperons d'or? prononça-t-il à voix basse.
— Une devise, seigneur.
— Laquelle? Parle vite, enfant? viens-tu de la part de don Luiz? don Luiz, mon frère par le cœur, sinon par le sang. Don Luiz aurait un fils de ton âge...
Il s'était redressé sur ses jambes, qui tremblaient.
Mendoze secoua la tête tristement.
— Seigneur, répondit-il, une fois déjà, aujourd'hui, quelqu'un m'a demandé : « Qu'y a-t-il autour de l'écusson aux trois éperons d'or?... » J'ai répondu par les propres paroles de la devise : *Para aguijar à haron.*

— Alors, s'écria le prisonnier.
— Pardonnez-moi de l'audace que j'ai de vous interrompre, seigneur. Celui qui m'avait adressé cette question a été trompé par ma réponse.
— Trompé! répéta le duc.
— C'est le hasard seul, continua Mendoze, qui m'a appris les quatre mots de cette noble devise. Et si j'ai profité de l'erreur, c'est qu'il me fallait un cheval pour être ici à l'heure de la méridienne.
— Et c'est aussi par hasard, demanda le prisonnier, que tu voulais être ici à l'heure de la méridienne.
— Non, seigneur, je venais vers vous de propos délibéré.
— Et moi, je t'attendais, enfant, car la lettre disait : « Quelqu'un sera là; vous aurez une épée. »
A son tour, Mendoze leva sur lui un regard stupéfait.
— La lettre! répéta-t-il.
— Morbleu! fit le duc avec colère, quel jeu jouons-nous, l'ami?... n'es-tu pas ici de la part de Pedro Gil, mon ancien intendant?
Mendoze eut un sourire amer et répondit :
— Je connais, en effet, ce Pedro Gil, et voici comment je viens de sa part. Cette nuit, je l'ai vu sur la place de Jérusalem, en conférence avec l'homme qui a ouvert la porte de la cour des bouchers à six mercenaires armés.
— Es-tu bien sûr de ce que tu avances?
— Cette nuit, poursuivit Mendoze, je l'ai entendu faire marché avec le même homme et discuter le prix de votre sang.

Le duc restait encore incrédule. Mendoze raconta en peu de mots la scène qui avait eu lieu devant lui entre Pedro Gil et Trasdoblo.

Le duc écouta jusqu'au bout, puis il se signa.

— Je rends grâces à Dieu Notre-Seigneur, dit-il, car ma femme et ma fille ont besoin de moi. Après quinze ans d'oubli, ai-je pu croire que mes serviteurs se souvenaient de leur maître? C'était la trahison qui m'avait envoyé cette lime, et c'est la Providence qui a déjoué la trahison. Ami, je ne t'ai point remercié comme il l'eût fallu. Je croyais avoir droit à ton aide.

— Ma vie est à vous, seigneur, répliqua Mendoze.

Le prisonnier appuya son front contre sa main. Les alentours continuaient de présenter l'aspect d'une solitude, mais on entendait au loin comme un bruit de réveil. Les troupeaux mugissaient, les oiseaux là-bas, sous la maigre feuillée des palmiers, jetaient leurs petits cris paresseux.

— Seigneur, reprit Mendoze, c'est tenter Dieu que de rester ici.

Le bon duc parut sortir d'un sommeil.

— Le danger n'est pas en ce lieu, répondit-il; mes geôliers ne s'apercevront de ma fuite qu'à l'heure du repas du soir, et quant aux passants, nous n'avons rien à craindre. Je suis resté bien des fois des journées entières à ma fenêtre sans voir l'ombre d'un homme sur ce plateau aride. Le danger est plus loin. Comment monter à cheval dans l'état où je suis? Et pourtant il faut que dans vingt-quatre heures, j'aie franchi le Tage et atteint les sierras de Gala.

— Qu'iriez vous faire en Estramadure, seigneur duc? demanda Ramiro.

— Peux-tu ignorer que la duchesse Eléonor de Tolède habite le château de Penamacor avec Isabelle de Guzman? ma femme! ma fille!

— Je connaissais la retraite des nobles exilées, dit Mendoze; mais la duchesse et sa fille Isabel sont à Séville depuis douze heures.

— En fraude de l'autorité royale!

— Elles y sont venues sous l'escorte des soldats de Sa Majesté?

— A Séville! s'écria le prisonnier. Isabel, Eléonor! sous l'escorte des soldats du roi! Est-ce le terme d'une longue injustice? Est-ce un nouveau coup? Par le corps du Christ! dans une heure je serai au palais de mon père. Et avant deux heures, Philippe d'Autriche aura vu celui qu'il appelait son meilleur ami! Ton cheval! enfant, ton cheval!

La voix d'un ouvrier s'éleva à l'intérieur de la forteresse : il chantait. L'instant d'après, on put entendre le bruit du marteau et de la scie : on travaillait.

Le duc était debout auprès de l'enceinte. Mendoze courait vers les palmiers pour détacher son cheval.

Le duc déroula vivement la corde qui lui ceignait les reins et se la passa autour du cou. Au moment où Mendoze revenait, tenant par la bride son cheval rafraîchi, le duc lui dit :

— Prends ce bout de corde, ami ; tiens ton épée nue à la main et mène-moi comme un forçat. Si nous pouvons seulement atteindre le moulin sans encombre, je suis sauvé, car Diégo, le meunier, est un paresseux que je vois dormir tous les jours une heure après la sieste achevée. Dieu nous garde de mauvaises rencontres ! A quiconque voudra t'arrêter, tu diras : « Laissez passer la justice du saint Tribunal : celui-ci est un relaps que je mène à la prison de Séville. »

Mendoze s'étonna encore. La ruse, comme la gaieté, lui semblait par trop au-dessous des hauteurs où il avait placé dans son esprit cette grande figure chevaleresque.

Il obéit néanmoins, et sur l'indication du bon duc, il tourna l'angle occidental de l'enceinte. Le moulin était situé à deux cents pas de là environ.

La vallée de la Guadaïra se développait maintenant devant eux. Ils marchaient aussi rapidement que la fatigue et les blessures du duc pouvaient le permettre.

Un muletier venait à eux, sur le chemin ; mais à la vue de cet homme, qui était mené la corde au cou par un chevalier armé d'une épée nue, le muletier détourna ses mules et fit un long circuit.

Le bon duc et Mendoze atteignirent la porte du moulin, qui était grande ouverte. Ils entrèrent. Le meunier Diego était seul et dormait auprès de ses meules immobiles, sur des sacs entassés.

— Lâche-moi, dit le bon duc. Nous voyagerons plus commodément jusqu'à la ville d'Alcala. Je vais sortir d'ici garçon meunier, et plus blanc que je n'étais rouge et noir tout à l'heure. Vive-Dieu ! j'ai encore de la besogne avant d'être à Séville et d'être en état de me mettre aux genoux du roi, mais cette besogne-là sera faite. Veille, ami ; je commence ma toilette.

En parlant, il essayait de dénouer un des sacs de farine épars sur le sol du moulin ; mais ses doigts roidis et gonflés par le travail trop rude qu'il venait d'accomplir refusaient le service. Mendoze, qui devinait son dessein, lui dit :

— Ne vous attardez pas à ce soin, seigneur ; j'aurai plus vite fait d'éventrer le sac à la pointe de mon épée.

Il levait le bras en même temps ; mais Médina l'arrêta d'un geste si sévère que Mendoze demeura tout interdit.

— Feu mon père avait coutume de dire, prononça lentement le bon duc : « Perdre un morceau de pain, c'est tuer un homme. » Ami, ceci est du pain ; je n'en prendrai pas un grain de plus qu'il ne faut pour conserver ma vie.

Le sac était dénoué. Le bon duc y trempa ses deux mains et se barbouilla de farine, cachant ainsi à la fois son sang et ses plaies. Il avait dit vrai : en un clin d'œil le noir et le rouge qui tatouaient son corps meurtri furent changés en une couche blanche uniforme.

Il prit alors un sac vide et y fit trois trous ; par ces trois trous il passa ses bras et sa tête saupoudrés de farine.

— Je dois cent onces d'or à ce meunier, dit-il, sois témoin, et en route.

Quand ils sortirent du moulin, les chemins et la plaine s'animaient de tous côtés à la fois. Les laboureurs avaient repris leurs travaux dans la campagne ; les voyageurs cheminaient. Là-bas, dans la prairie, les troupeaux paissaient, et l'on entendait comme un concert lointain le bruit des cent moulins de Alcala de Guadaïra.

Sans le déguisement dont le bon duc venait de s'affubler, il lui eût été absolument impossible de gagner la ville. Chaque pas eût été un obstacle. Tous ceux qui maintenant raillaient le rustre enfariné auraient voulu savoir qui était cet homme couvert de sang et de boue. En arrivant au faubourg qui descend jusqu'aux rives de la Guadaïra, nos deux compagnons rencontrèrent un détachement de soldats.

— Seigneur, demanda le sergent à Mendoze, que voulez-vous faire de ce Gilles?

— Ne dégoûtez pas mon maître de moi, alferez, répondit le bon duc; je m'ennuyais du moulin. Il ne faut pour faire de moi un gaillard comme vous qu'un barbier et un fripier.

— Dieu te garde, l'ami, fit le sergent qui poursuivit son chemin sans défiance. Tu as du moins la langue bien pendue.

La première maison du faubourg était justement l'échoppe d'un barbier, et des nippes dépareillées se balançaient à la devanture de sa porte-boutique. Le bon duc se présenta devant la porte ouverte, et dit à haute voix, en s'adressant à Mendoze :

— Seigneur, voici notre affaire : maître Gines va me transformer de pied en cap, selon votre volonté. Holà ! maître Gines !

Le barbier montra sa face éveillée au fond de son échoppe.

— Méritez-vous la réputation que vous avez

chez nous pour les métamorphoses, maître Gines? reprit le duc.

— A moins qu'il ne s'agisse de faire de toi un grand d'Espagne, l'ami... commença le barbier.

— Un valet de bonne maison seulement, interrompit le prétendu garçon meunier. Allons, maître Gines, à l'ouvrage! un seau d'eau, des rasoirs et un habit complet de drap léonais!

Maître Gines était un barbier d'heureuse humeur, qui méritait la réputation dont le bon duc le gratifiait. Ce ne fut pas un seau d'eau qu'il employa; la Guadaïra coulait au bas de sa cour, il commença par inonder le bon duc dépouillé de son sac à farine. Comme les plaies se montraient à vif sous la couche blanche qui les couvrait, le bon duc fit le conte d'un maître cruel qu'il fuyait et qui l'avait réduit à ce lamentable état. Maître Gines pansa ses blessures qui étaient nombreuses, mais sans gravité aucune, il fit tomber sa longue barbe, laissant seulement un bouquet pointu au menton et une paire de moustaches; il peigna ses cheveux, et l'œuvre accomplie, il regarda son homme avec une orgueilleuse satisfaction.

— Par saint Antoine, dit-il, j'ai montré trop de défiance de moi-même. Je crois que si l'idée me venait de faire un grand d'Espagne...

— Des habits, maintenant, des habits! interrompit le bon duc; mon nouveau maître ne veut point de livrée. Donnez-moi la défroque d'un honnête bourgeois, et dépêchez!

Maître Gines ne se fit point prier. L'instant d'après, l'illustre fugitif descendait le cours de la Guadaïra; il portait un costume décent et un manteau de solide étoffe brune. Il marchait à pied, Mendoze était à cheval.

A un détour du chemin, un petit bosquet de saules se mit entre eux et la ville.

— Nous allons nous séparer ici, dit le duc; le restant de mes affaires doit être fait par moi seul.

Mendoze sauta aussitôt sur la marge de gazon entretenue par le voisinage de l'eau. Il tendit la bride de son cheval au duc, qui la prit et retint sa main dans les siennes.

— Don Ramire, dit-il d'un accent que Mendoze ne lui connaissait pas encore, vous ressemblez au seul homme que j'ai bien aimé en ma vie. C'est vous qui m'avez parlé le premier de ma fille ; c'est par vous que j'ai su qu'elle était belle comme les anges ou comme l'était sa mère. Vous m'avez apporté votre épée ; vous me donnez ce cheval avec le nom du noble Vincent de Moncade, son maitre, comme un sûr moyen d'entrer à Séville. Venez me visiter demain en la maison de Pilate, mon palais, demain à la dixième heure. Jusqu'à présent nous n'avons pu nous occuper que de moi ; je ne sais pas si vous êtes pauvre ou riche, puissant ou faible, ce que je sais c'est que vous êtes l'ami de Medina-Celi, et que désormais, don Ramire de Mendoze, vous passerez partout où Medina-Celi passera.

Il sauta en selle et partit au galop.

Ramire, quand il l'eut perdu de vue, se laissa tomber à genoux.

Un nom vint à ses lèvres, qui était toute une

prière fervente, tout un poëme de gratitude dévote et passionnée.
— Isabel ! Isabel !

XII

LE CHIEN D'ULYSSE

Le soleil avait tourné autour de cette antique demeure qui formait tout un côté de la place de Jérusalem. La maison de Pilate éclairait maintenant sa façade à revers et la lumière jouait dans les lianes chargées de bouquets éclatants qui couronnaient ses terrasses. Le Sépulcre laissait tomber toutes les jalousies de ses fenêtres, au travers desquelles on entendait le cliquetis des dés. Maître Galfaros avait de nombreuses industries.

Sur la place, de rares passants allaient et venaient.

Les portes de Saint-Ildefonse formaient leurs vantaux sculptés derrière les sombres colonnes du péristyle. On chantait vêpres dans la nef. La douce voix des enfants de chœur arrivait sur la place par échappées, perdue dans les grandes et lentes modulations de l'orgue.

Au-devant du perron, un poteau était planté, soutenant un écriteau à demi déchiré déjà et souillé de boue.

L'écriteau avait été placé là depuis le matin. Il était timbré aux armes de la couronne ; il portait la signature de Philippe, roi, et le contre-seing de Gaspar de Guzman, comte-duc d'Olivarès.

La teneur en était ainsi :

« Philippe, par la grâce de Dieu, roi de toutes les Espagnes, au sud et au nord, du Portugal et des Algarves, en deçà et au-delà de la mer, des îles Baléares, de Naples et de Sicile, des Flandres, quoi qu'on en dise, et des pays conquis ; arbitre du nouveau monde, glaive de saint Pierre et soutien de la foi, à tous ceux qui verront les présentes salut en Jésus-Christ.

« Attendu que dans notre cité de Séville, très loyale et héroïque, une association impure s'est formée entre divers individus vivant de la charité publique ;

« Que cette association tend à transformer en *fueros* et privilèges la simple tolérance accordée à la mendicité par nos illustres et bien-aimés prédécesseurs, que Dieu garde en son paradis !

« Que la voie publique et notamment les parvis de la cathédrale et des autres églises, sont journellement encombrés par les troupes effrontées de gens appartenant à cette association qui s'est donnée à elle-même le nom de *confrérie des gueux andalous* ;

« Que ces misérables, indignes de toute protection, étalant aux yeux des passants et des fidèles de fausses plaies et des infirmités habilement simulées, se répandent en plaintes mensongères et trompent la compassion de nos sujets ;

« Que l'abus est grand, patent ; qu'il dure depuis longtemps : qu'il résulte des renseignements fournis par le très-saint tribunal que ces cohues renferment bon nombre de gens sans foi ni loi, et même des hérétiques excommuniés, infidèles, relaps et autres ;

« Que de pareilles énormités finiraient par attirer indubitablement sur notre cité très noble et très loyale les effets de la colère céleste ;

« Avons ordonné et ordonnons ce qui suit :

« A l'avenir, tout mendiant de notre cité de Séville sera tenu de porter un collier de fer ou carcan auquel pendra une plaque de cuivre sur laquelle sera gravée la parole de N.-S. : « Ce que « vous aurez donné en mon nom vous sera rendu « au centuple. » Ledit carcan et ladite plaque ne pourront être délivrés que sur certificats émanant du saint-office, et après constation des impuissances, maladies, plaies ou infirmités, pouvant excuser le défaut de travail.

« Quiconque demandera l'aumône dans les rues de Séville ou sur les parvis sus-indiqués, sans être porteur du carcan et de la plaque, sera, sur procédure sommaire, dépêché aux présides.

« Telle est notre volonté. »

Au dessous du sceel royal, on lisait :

« Par le roi : L'agriculture et l'armée manquent de bras valides ; en présence de la disette croissante et de l'ennemi envahissant, l'exécution du décret sera sévère : qu'on se le dise ?

« Signé : GASPARD DE GUZMAN. »

C'était précisément autour de ce nom qu'abondaient les éclaboussures. Les gueux avaient protesté à leur manière contre l'édit qui les frappait.

Le jour s'en allait tombant. Dans ces contrées méridionales, la nuit se hâte derrière le crépuscule ; on n'y connaît point ces longues hésitations de la lumière, luttant et reculant à pas comptés devant les ténèbres victorieuses.

L'ombre descendait déjà sur la place, lorsque le carillon de Saint-Ildefonse sonna le salut. La grande porte de l'ancienne mosquée s'ouvrit à deux battants, et laissa voir au delà de sa nef sombre les perspectives du chœur éclairé par des centaines de cierges.

Les chants redoublèrent, accompagnant la procession des pénitents.

Parmi les passants de la place, les uns se découvrirent, les autres montèrent les degrés du perron et s'agenouillèrent sur les dalles.

Au milieu de ce recueillement, qui est encore à l'heure présente un des caractères particuliers de la vie espagnole, des têtes effarées commencèrent à se montrer aux angles des rues, débouchant sur la place de Jérusalem.

C'étaient gens qui évidemment sondaient le terrain et ne voulaient s'aventurer qu'à bon escient. La témérité, en aucun pays du monde, ne fut le vice dominant des gueux. Les gueux étaient conservateurs, comme tous les gens qui ont quelque chose à perdre. La prudence, voilà ce qui convenait à ces heureux de la terre.

Le museau de fouine de Maravedi apparut le premier au bout de la rue des Écuries. On l'avait envoyé en éclaireur. Il fit signe à une demi-douzaine de bons gaillards qui venaient derrière lui. Tous se glissèrent sous les arcades mauresques

14.

de la maison du Sépulcre. Des deux côtés du portail de Saint-Ildefonse surgirent en même temps Gabacho, Domingo, Mazapan, Escaramujo, sans distinction d'écoles, et le séculaire Picaros, qui avait presque l'air d'un casseur d'assiettes. Le péril commun réunissait les classiques et les romantiques de la gueuserie.

Les factions s'embrassent quand la patrie est en péril.

D'autres suivaient, dont l'histoire indolente n'a pas su conserver les noms. Dieu sait qu'il n'en manquait point.

Raspadillo venait le dernier, drapant avec grâce son manteau troué sur ses maigres épaules.

— La place est vide! dit Conejo à ceux qui venaient derrière la maison de Pilate.

— Pas l'ombre d'un alguazil! ajouta Maravedi, appelant du geste les retardataires.

En un instant, le parvis fut plein. Pas un de nos gueux ne manquait à l'appel.

Quiconque eût ignoré les mœurs de cette respectable confrérie aurait pu avoir frayeur en les voyant ainsi rassemblés. Allaient-ils tenir ce conseil qui précède toute grande levée de boucliers? Était-ce une conspiration qui se préparait? Séville, la merveille des Espagnes, allait-elle tomber au pouvoir de tous ces manchots, de tous ces ulcéreux et de tous ces paralytiques?

En vérité, leur aspect avait ce soir quelque chose de belliqueux; leur allure était menaçante. De loin, leurs béquilles et leurs bâtons ressemblaient à des armes. Il ne faut point méconnaitre que la pancarte affichée à la porte de Saint-Ildefonse avait rigoureusement raison de parler de fausses plaies et d'infirmités simulées. Les neuf dixièmes des membres de la confrérie étaient valides et gaillards. Les lèpres et autres horreurs à l'aide desquelles ils forçaient la compassion des âmes charitables disparaissaient chaque soir et revenaient chaque matin sous leur pinceau habile. Ils se portaient bien, et le régime que leur faisait la pitié publique n'était pas de nature à les affaiblir. Leur vie était une longue et paisible bombance.

Quant à leur nombre, ils auraient pu fournir une troupe considérable.

Un seul élément faisait défaut peut-être, c'était le courage. Par tous pays, les mendiants ont à cet égard une fâcheuse réputation, fondée sur cet argument plausible qu'il faut d'abord être mou, paresseux, abject et lâche pour tendre la main quand Dieu vous a donné la force nécessaire pour gagner du pain par le travail.

Mais cet argument eût peut-être perdu quelque peu de sa rigueur en Espagne, à l'époque où se passe notre histoire. Les gueux de Séville n'étaient pas des mendiants comme ceux qui parcourent nos campagnes. Ils formaient corps; ils avaient leurs institutions, leurs droits et leur liberté. D'ailleurs, les loups non plus ne sont pas braves, et cependant ils sortent du bois.

Qu'ils fussent en train de sortir du bois ou non, nos gueux étaient beaucoup plus nombreux que dans la matinée, la plupart d'entre eux s'enveloppaient dans leurs lambeaux, sans prendre souci d'exiber leurs infirmités véritables ou feintes. Ils n'occupèrent point leur place accoutumée sur les degrés du perron.

Laissant cet endroit qui restait un peu éclairé, ils se massèrent dans l'ombre du portail, à droite de l'église. Ceux qui arrivaient touchaient la main des autres en silence. Ils formaient déjà une masse noire et mouvante qui allait s'enfonçant dans la ruelle.

— O mes amis! dit le centenaire Picaros, qui ne jugeait plus à propos de voûter sa taille vénérable et qui était redevenu un bon garçon de trente à trente-cinq ans, nos règlements nous défendent de lever l'étendard de la révolte contre le roi et contre le très saint tribunal. J'approuve sincèrement le règlement; mais l'âge n'a pas tellement glacé le sang dans mes veines qu'il me soit possible de supporter les outrages de Gaspard de Guzman. Il y a dans Séville cent soixante trois églises, chapelles et couvents, ce qui nous donne un nombre égal de ces pancartes infâmes où nous sommes insultés cruellement. Par une décision spontanée, le conseil de nos anciens a décidé que ces pancartes seraient arrachées et ne verraient pas le soleil de demain. Le groupe que nous formons ici, ô mes amis, n'est que la cent soixante-troisième partie des gueux de Séville, car, à l'heure où je parle, un groupe tout semblable stationne devant la porte de chaque chapelle, de chaque église et de chaque couvent.

— Nous sommes une puissance! ponctua Gabacho.

— Une puissance tout comme la couronne, ajouta Escaramujo, l'hermandad ou le saint tribunal.

— Si nous avions un chef, ô mes amis, s'écria Picaros avec un soudain enthousiasme, qui donc serait capable de nous résister?

— Nous avons un chef, répliquèrent quelques voix.

Et d'autres :

— Un chef qui déserte son poste. Esteban est un traître !

— Nommons un autre roi !

— C'est cela! c'est cela! nommons un autre roi !

Ces paroles se croisaient au milieu de sourds murmures. Les chants continuaient à l'intérieur de l'église. La nuit était tout à fait tombée, et la lueur lointaine des cierges, traversant toute la longueur de la nef, venait frapper la pancarte suspendue vis-à-vis de la maîtresse porte. Elle ressortait en blanc sur les ténèbres de la place.

— En attendant, demanda Escaramujo d'un air un peu goguenard, avons-nous un brave pour arracher l'écriteau ?

— C'est l'œuvre du chef, répondit Gabacho, homme de tradition.

— Le chef ne pourrait pas arracher cent soixante-trois écriteaux, objecta Escaramujo.

Don Manoël Palabras, qui arrivait, ajouta :

— Les alguazils sont massés rue des Écuries. Il y a des cavaliers de l'hermandad au revers de la maison de Pilate.

— Et les miquelets de la garde stationnent autour de l'Alcazar, ajouta Jabato, qui se hâtait portant ses deux béquilles sous le bras.

— Mes amis, mes enfants, dit Picaros, ce déploiement de forces serait-il dirigé contre nous

— Par tous les saints, s'écria Escaramujo, n'en valons-nous pas bien la peine?

Le gros de l'assemblée s'était cependant démembré en un certain nombre de petits groupes distincts. L'idée d'élection avait germé; les ambitions s'allumaient. Plusieurs candidatures étaient posées : on intriguait, on discutait. L'ancienne école et la nouvelle était en présence, mais l'écriteau restait insolemment planté devant le perron de Saint-Ildefonse.

A une cinquantaine de pas de là, dans l'espace compris entre la maison du Sépulcre et l'église, deux hommes enveloppés dans de longs manteaux bruns causaient à voix basse. L'un était grand et gros; il avait la tournure militaire; l'autre semblait un nain fluet auprès de lui.

— Croyez-moi, don Pascual, mon noble cousin, disait le plus petit, ce coquin de Pedro Gil nous trompe effrontément.

— Ah! peste! fit le commandant des gardes de Sa Majesté, je pencherais vers cet avis, certes, certes. Et que pensez-vous du jeu que joue le vieux Zuniga Baltazar, mon noble cousin?

— Zuniga veut nous jouer un tour de sa façon, répondit sans hésiter le président de l'audience.

Don Pascual poussa un large soupir.

— A qui se fier? s'écria-t-il; nous vivons dans un temps abominable!

— Abominable! vous l'avez dit, appuya le petit magistrat de sa voix la plus amère. Les liens de famille eux-mêmes sont relâchés. Voyez si le comte-duc a jamais fait quelque chose pour moi qui suis le propre père de sa femme! J'ai parfois soupçonné que son illustre parent, Bernard de Zuniga, jouait à l'innocent pour nous mieux tromper. Mais à quoi bon ? Et d'ailleurs, ce serait par trop risquer...

Il s'arrêta, et reprit en posant la main sur la robuste épaule de don Pascual :

— Si nous allions tout droit au comte-duc ?

— Certes, certes, fit le commandant des gardes, mais pendant que nous y sommes, nous ferions peut-être mieux d'aller jusqu'au roi...

Don Baltazar de Zuniga y Alcoy eut un sourire contraint.

— Lui dénoncer quoi ! son favori ? demanda-t-il, Zuniga ? ou la grande conspiration de Catalogne ?

— Tout cela et encore autre chose, répondit gravement don Pascual de Haro ; il est impossible que le président de l'audience d'Andalousie ignore ce qui se passe à Séville. Les *desservidores* (1) relèvent la tête ; ils ont des intelligences jusque dans les rangs de la noblesse qui suit la cour.

— Si vous voulez bien me pardonner une interruption, mon noble cousin, dit Alcoy, c'est précisément ce sujet que j'allais aborder avec vous.

— A propos de Pedro Gil ?

— A propos de ce faux duc de Medina.

— Parlez plus bas, cousin !

— Personne ne nous écoute, et ces coquins de mendiants, que le décret du comte-duc va peut-

(1) Ce mot, qui n'a point d'équivalent en français, exprime l'idée féodale de refus d'hommage et moins exactement l'idée politique de défection. C'était le nom des partisans du fameux Louis de Haro, marquis de Motril, ancien connétable de Castille et ennemi personnel d'Olivarès, son parent.

être transformer en bandits, sont trop occupés de leurs propres affaires pour se mêler des nôtres. Vous souvient-il, seigneur, que la nouvelle de la mort de don Luiz nous vint par ce même Pedro Gil ?

— En effet, lorsque don Luiz de Haro, mon respecté parent, décéda en sa prison de Ségovie, ce fut l'oidor Pedro Gil...

— Bien des gens prétendent, interrompit encore Alcoy, qui baissa la voix sans qu'on l'en priât désormais, que don Luiz de Haro n'est point mort.

Le commandant des gardes recula d'un pas.

— Par les cinq plaies! s'écria-t-il, pas de plaisanteries de ce genre, je vous prie. Nous avons hérité. Depuis quand ouvre-t-on la succession des vivants?

— Cela s'est fait de tout temps, mon cousin, quand les vivants ont passé pour morts. Il me semble que la majeure portion de votre patrimoine vous est venue par cette voie?

— C'est une fable stupide, gronda don Pascual au lieu de répondre; nous avons porté le deuil. Il y a eu procès-verbal de l'accident qui le fit passer de vie à trépas, au moment où il essayait de s'évader. Certes, certes, je vous croyais un homme sérieux, mon cousin.

— Mon cousin, répliqua froidement Alcoy, veuillez garder votre calme. Je me borne à vous soumettre une coïncidence à tout le moins étrange : c'est aussi dans une tentative d'évasion que le duc de Medina-Celi aurait trouvé la mort, si l'on en croit l'oidor Pedro Gil.

— Certes, certes, fit don Pascual ; je vous comprends à demi-mot. Vous pensez que don Luiz eut le même sort que Medina-Celi? Quand les temps seront plus tranquilles, je ne m'oppose pas à ce que cet infâme scélérat de Pedro Gil soit puni d'une façon exemplaire comme il le mérite, je ne m'y oppose pas du tout, mais la succession...

Don Baltazar de Zuniga y Alcoy mit sa main étendue sur le bras du commandant des gardes.

— Le favori veut rester premier ministre, dit-il en accentuant chacune de ses paroles ; le vieux Bernard veut garder la signature ; vous désirez conserver votre haute position et l'augmenter s'il est possible ; j'ai, pour ma part, la même légitime ambition. Le roi se divertit et dit en parlant de nous tous : Autant ceux là que d'autres. Le favori se défie de nous ; le vieux Zuniga nous abandonnerait pour un oui, pour un non. Personne ne tient à nous ; nous ne tenons à personne. Vive Dieu ! mon cousin, serions-nous plus malades si Luiz de Haro avait la signature sous Medina-Celi, premier ministre?

Le commandant des gardes demeura tout interdit.

— Ne songez pas à l'héritage... reprit Alcoy en souriant.

— Mais de par tous les diables! fit don Pascual, vous avez donc des raisons pour parler ainsi ?

— La police de Séville n'est pas trop mal menée, répondit Alcoy doucement : j'ai mes employés particuliers qui ont un grand zèle pour le service du roi... En sortant de l'Alcazar tantôt, vous comprenez bien que j'ai mis le ban et l'arrière-ban en campagne.

— Avez-vous des nouvelles de Alcala de Guadaira?

— Assurément : le duc de Medina-Celi a été mis à mort vers une heure de relevée.

— Eh bien? dit le commandant stupéfait.

— On l'a enterré dans le cellier du boucher Trasdoblo, fournisseur de la forteresse, ajouta Alcoy froidement.

— Eh bien? répéta don Pascual.

— Voilà : cette après-dînée, vers quatre heures, un homme est entré à Séville par la Puerta-Real. Il portait le costume d'un petit bourgeois, habit de bon drap brun, manteau modeste, feutre sans plume. Là-dessous, il avait l'air d'un prince. Il montait un magnifique cheval connu pour appartenir aux écuries de don Vincent de Moncade, marquis de Pescaire. Comme il n'avait point de passe, et que pendant le séjour du roi les portes sont gardées sévèrement, on lui a refusé l'entrée. Il s'est réclamé du marquis de Pescaire, disant qu'il avait tenu le cheval de Sa Seigneurie au vert pendant toute une semaine et qu'il le lui ramenait.

— Et c'est là-dessus que vous fondez...

— Laissez-moi dire, cousin! Ce matin, le même cheval avait déjà passé la porte Royale, monté cette fois par le cavalier qui a blessé aujourd'hui même en duel, le comte de Palomas, votre futur ministre.

Don Pascual garda le silence.

— Je ne vous demande pas si vous comprenez,

poursuivit Alcoy; je ne suis pas moi-même bien sûr de comprendre. Le vrai, c'est que nous sommes noyés dans un océan d'intrigues grandes et petites. Depuis le favori du roi jusqu'à nos valets, tout le monde travaille sourdement. Toutes ces menées diverses forment un inextricable écheveau dont les fils se nomment Olivarès, Zuniga, Pedro Gil, Mohgrab, Pescaire, Medina-Celi et autres... Savez-vous qui gagnera la partie? Celui qui réunira le plus de fils dans sa main.

Le commandant des gardes essuya son front baigné de sueur.

— Moi, dit-il, j'avoue que je perds plante. Nos jeux sont mêlés, mon cousin très cher, et vous êtes plus habile que moi. Qu'avez-vous avisé?

— J'ai cavé au pire, pour être sûr que nous tomberons toujours sur nos pieds : nous sommes avec Olivarès, nous sommes avec Palomas; nous sommes avec tous, pourvu que notre inébranlable fidélité au trône de Philippe le Grand n'en souffre pas. Eventuellement, nous serons, s'il le faut, avec le duc de Medina-Celi...

— Expliquez-vous! murmura don Pascual avec détresse; j'aimerais mieux jouer trois parties d'échecs à la fois!

— C'est pourtant bien simple, répliqua Alcoy en souriant. Deux de mes alguazils m'ont dit avoir reconnu le duc dans l'homme de la Puerta Real.

— Est-ce bien possible? s'écria Pascual stupéfait.

— Tout est possible. Si c'est le duc, il viendra sur cette place et tentera de s'introduire en son palais. Les avenues sont gardées : j'ai plus de cent braves garçons dans les rues voisines...

Ici une grande clameur lui coupa la parole.

La discorde était au camp des gueux. Plusieurs voix criaient :

— Ne prenez point souci de nommer un roi, le saint Esteban est à Séville.

D'autres répondaient :

— Si Esteban était à Séville, il se serait présenté au conseil.

— Esteban est à Séville, affirma Moscatel, un lépreux natif d'Antequerre ; je le connais, nous sommes compatriotes. Je l'ai vu entrer à l'heure de la sieste dans les jardins de l'Alcazar.

— Esteban dans les jardins de l'Alcazar !

— Ce Moscatel est fou à lier.

— Sous quel prétexte Esteban serait-il entré dans les jardins de l'Alcazar ?

Et au travers de cette discussion :

— Toi ! tu serais nommé roi, Gabacho ?

— Oses-tu bien te proposer pour nous commander, Picaros ?

— Gabacho, ta femme te bat !

— Picaros, ta femme est morte sous ton nerf de bœuf !

— O mes amis ! s'écria le centenaire, murons la vie privée. Je m'étonne comme vous de l'audace de ce Gabacho, mais...

— C'est ton effronterie qui étonne ! interrompit Gabacho.

— Qu'avons-nous à faire de ces vieux ? demandait dans un autre groupe l'aimable Raspadillo ;

choisissez un jeune homme de ma sorte, et vous verrez l'institution refleurir.

— A bas Raspadillo !

— Bien dit ! approuva Domingo ; il y en a d'aussi jeunes et de moins efféminés : un soldat tel que moi...

— A bas Domingo !

— Si une naissance distinguée, jointe au talent de la parole... commença don Manoël...

— A bas le bavard de Palabras !

— O mes amis !...

— A bas Picaros !

— Esteban ! Ils ne vont pas à la cheville d'Esteban ! puisqu'on a vu Esteban à l'Alcazar...

— Mensonge !

Un mouvement eut lieu, comme toujours quand un personnage important fait son entrée. Caparrosa, le plus élégant des novateurs, Caparrosa poitrinaire, et plus beau que Raspadillo lui-même, venait de tourner l'angle du parvis.

— Personne autre que moi, dit-il avec une noble franchise, n'aurait mérité le sceptre en l'absence de saint Esteban. Mais Esteban est dans nos murs.

— Quand je vous le disais ! s'écria Moscatel triomphant ; c'est mon compatriote. Je l'ai reconnu midi sonnant, sur la place du palais.

— Toi, tu mens, interrompit Caparrosa ; le saint Esteban n'est arrivé qu'à quatre heures ; je le connais aussi bien que toi. J'étais à la Puerta Real quand il est entré sur un cheval des écuries de Moncade, qu'il avait pris, Dieu sait où.

— Le saint Esteban, dit Gabacho avec importance, fréquente peut-être Moncade. Nous verrons du nouveau en Espagne; il y a de grosses affaires sous jeu.

Le commandant des gardes et le président de l'audience s'étaient cependant rapprochés de quelques pas.

— Entendez-vous ces drôles, mon noble cousin? demanda le petit magistrat; ils battent la campagne aussi vaillamment que s'ils avaient tous eu l'honneur d'étudier avec le comte-duc à l'université de Salamanque.

Mais don Pascual n'était point en humeur de plaisanter.

— Avez-vous bien le cœur de vous occuper de ces malheureux! murmura-t-il; expliquez-moi plutôt tout ce qui me reste à comprendre.

Alcoy lui serra le bras fortement.

Un homme venait d'entrer sur la place par la rue des Ecuries. Il se dirigeait vers la maison de Pilate. Son large feutre était rabattu sur ses yeux, et son manteau couvrait le bas de son visage.

— L'explication va se faire d'elle-même, prononça le président de l'audience d'une voix inquiète et contenue.

Il montrait du doigt l'inconnu, seul au milieu de la place déserte.

Celui-ci s'était arrêté. Son regard, après avoir fait le tour de la place, se fixa sur le palais des Medina.

— Puisque Ulysse revient à Ithaque, grommela Alcoy, n'entendrons-nous point aboyer ses molosses?

Derrière le mur de la maison de Pilate, un long hurlement retentit.

Alcoy resta bouche béante. Le commandant des gardes s'appuya, chancelant, à l'un des piliers de l'arcade mauresque.

— La paix, Zamore, vieux fou! gronda de l'autre côté de la porte la rude voix de Catalina Nunez; ne vas-tu pas croire qu'il te revient un maître tous les jours?

L'inconnu fit un pas vers la maison.

— Regardez, mon noble cousin, dit Alcoy, regardez!

A l'embouchure de la rue des Écuries, des ombres noires se montraient. D'autres ombres glissaient dans les ténèbres du porche mauresque. Le président de l'audience n'avait point menti. Il y avait là tout un bataillon d'alguazils.

Les chants continuaient paisiblement dans l'église. Les gueux avaient mis d'instinct une sourdine au fracas de leur discussion. Ils flairaient l'approche des alguazils.

— J'en compte neuf... dix... onze... disait déjà Escaramujo, l'œil fixé sur la rue des Écuries.

— Il y en a plus de vingt, ajouta Maravedi.

— Or çà! demanda-t-on pour la centième fois, qui se chargera d'arracher l'écriteau?

— Celui-ci n'est pas un alguazil! s'écria en ce moment Cornejo, dont le regard perçant avait distingué le costume de l'inconnu.

— C'est l'homme de l'Alcazar! dit Moscatel en frappant dans ses mains; c'est le saint Esteban!

Et en même temps Caparrosa :

— C'est le saint Esteban ! c'est l'homme de la Puerta Real !

Ce nom d'Esteban pénétra la foule des gueux comme l'eau passe au travers d'un crible. Toutes les bouches le répétèrent à la fois. Les dissenssions étaient oubliées ; les ambitions personnelles se taisaient devant cette notoriété trop haute.

Les heures du péril font naître une contagieuse passion d'obéissance. Il semble qu'un chef soit alors un rempart ou tout au moins un bouclier. Nos gueux s'élancèrent tous à la fois ; en un clin d'œil ils entourèrent l'inconnu.

Il paraît que le président de l'audience ne s'attendait pas à cette péripétie, car il dit :

— Quelle mouche pique ces coquins ?

— Ils donnent à celui-là, répondit don Pascual, le nom que prenait ce matin, au palais, notre faux duc de Medina-Celi.

Alcoy se frappa le front.

— C'est juste ! c'est juste ! s'écria-t-il ; ils le prennent pour Esteban d'Antequerre !

— Mais, sur mon salut ! un rayon vient de passer sous son feutre. Avez-vous distingué son visage ?

— Assez bien. J'ai, Dieu merci ! bonne vue.

— Pourriez-vous dire s'il a une longue barbe ?

— Je puis dire qu'il a la joue rasée comme notre impudent coquin de l'Alcazar : des moustaches seulement avec un bouquet de poils au menton.

— Le duc a une longue barbe, fit Alcoy en baissant la tête. Ces mendiants ne se trompent point. C'est notre homme de ce matin, j'en jurerai !

— Moi, mon cousin, répliqua le commandant des gardes avec une lassitude profonde, je ne jurerais rien du tout. Certes, certes, le métier d'un gentilhomme n'est pas de jouer ainsi à cache-cache : je renonce!

Comme il achevait, la voix de l'inconnu s'éleva, grave mais contenue.

— Mes amis, disait-elle, vous faites erreur, je ne suis point celui que vous venez de nommer.

— Tu n'es pas Esteban! s'écrièrent tous les gueux qui prétendaient connaître le nouveau roi de la confrérie.

— Autant vaudrait nier la lumière en plein midi! ajouta Caparrosa; maître, il n'est pas temps de railler; nous avons besoin de toi!

— Qui es-tu donc alors? demanda Moscatel.

L'inconnu souleva son feutre. Il se trouvait juste en face de la grande porte de l'ancienne mosquée. Les cierges du chœur envoyaient de fugitifs rayons jusqu'à son visage.

— Il en est parmi vous qui ont de l'âge, dit-il à voix basse, et qui reconnaîtront le duc de Medina-Celi.

Un silence suivit ces paroles.

— Avez-vous entendu? demanda le commandant des gardes; certes, certes, voilà qui est extraordinaire!

— Benito! appela le président de l'audience au lieu de répondre.

Un alguazil caché derrière un des piliers du porche de Galfaros s'approcha aussitôt.

— Qu'on arrête cet homme! ordonna Alcoy.

— Votre Grâce, répliqua l'alguazil, se laisset-elle tromper à cette grossière supercherie ? Ce maraud et moi nous sommes de vieilles connaissances, je lui ai déjà mis la main au collet plus d'une fois...

— Obéissez !

L'alguazil rejoignit ses camarades, qui se divisèrent en trois escouades pour cerner la proie désignée.

Les gueux, cependant, riaient à gorge déployée.

— On nous avait bien dit que tu étais un gai luron, saint Esteban, disait Picaros en se tenant les côtes ; j'ai cent ans d'âge, aussi vrai que tu es grand d'Espagne, et je me souviens de t'avoir vu tout petit, il y a plus de quarante ans.

— Cinq ans juste avant sa naissance, expliqua Mazapan.

— On te promenait en robe blanche et bleue sur la terrasse du palais, enchérit Gabacho, car tu étais voué pieusement aux couleurs de la Vierge, seigneur duc.

— Quel joli petit prince tu faisais ! dit Jaboto.

Et Gingibre :

— Un jour, la bonne duchesse, ta mère, te gronda parce que tu avais peur de nos haillons...

Quoique estropié d'une jambe et d'un bras, Jabato fit une pirouette, et Mazapan, qui n'était pas dans l'exercice de ses fonctions de paralytique, exécuta une jolie cabriole.

— Bon duc, demandait ironiquement Caparrosa, as-tu eu bien de la peine à t'échapper de ta prison ?

— Riche duc, tu dois être cousu d'or !

— Fais-nous l'aumône, duc généreux !

Et la cohue de redoubler ses rires.

L'objet de cette bruyante hilarité demeurait calme et grave au milieu des quolibets et des huées qui allaient sans cesse *crescendo*.

Il se retourna tout à coup, parce qu'une main venait de toucher son épaule.

— Au large, enfants ! dit en même temps la voix de don Diego Solaz, chef des alguazils ; laissez-nous accomplir notre besogne. Par Philippe roi, ajouta-t-il en se découvrant, je vous fais prisonnier, don Hernan Perez de Guzman, marquis de Tarifa et duc de Medina-Coli.

Tous nos gueux restèrent bouche béante.

L'inconnu avait changé soudain de contenance et même de physionomie. Sa figure grave avait pris une indéfinissable expression de cynisme et d'audace.

— Par Dieu ! qui est au-dessus du roi, dit-il en riant effrontément à la barbe de l'homme de police, la plaisanterie va trop loin ! Vous n'êtes pas des nôtres, messieurs les alguazils : je ne plaisante qu'avec mes amis. Demandez un peu à ces braves qui je suis.

Le commandant des gardes et le président de l'audience échangèrent un regard.

L'inconnu s'était dégagé sans façon, et son bras vigoureux tenait l'alguazil à distance.

— Eh bien ! mes fidèles sujets, reprit-il en s'adressant aux gueux, allez-vous renier votre roi ?

Cette question fut faite avec une tranquillité pleine de moquerie. Les gueux hésitaient. La force armée les entourait maintenant de toutes parts, et ne laissait qu'un étroit passage vers l'église.

— Le témoignage de ces pauvres diables ne vous sauverait pas, seigneur, dit le chef des alguazils ; nous agissons en vertu d'ordres précis et qui viennent de haut.

— Ils ne sauraient venir de trop haut si je suis le duc, répondit l'inconnu continuant de persifler ; nous autres Medina, nous sommes cousins d'Autriche et de Bragance. Carajo ! seigneurs alguazils, vous êtes de bien petites autorités pour mettre la main sur un personnage tel que moi !

Il se drapa dans son manteau et croisa ses bras sur sa poitrine. Sa pose était si bien celle d'un de ces magnifiques marauds dont le front d'airain fait tête à tous les orages, que l'alguazil mayor consulta ses compagnons d'un œil irrésolu.

Les gueux, revenus de leur première stupeur, tenaient conseil.

— O més amis ! dit tout haut Picaros, le plus sage est de nous point mêler de tout ceci.

— Nous avons bien assez de nos propres embarras ! ajouta Gabacho plaintivement.

Mais il reprit tout bas, en se glissant au plus fort de la cohue :

— Si nous devons être chassés de Séville, pourquoi nous gêner ?

— A supposer que ce soit le bon duc, appuya Picaros, il y aurait gros à gagner.

— Je vous dis, moi, que c'est Esteban, riposta Moscatel. Je soutiendrais cela dans la chambre de la question !

— C'est Esteban ! affirma de son côté Caparrosa, j'en mettrai ma main au feu.

En ces circonstances, les curieux sortent de terre. La place de Jérusalem, tout à l'heure déserte, commençait à s'emplir.

— Holà ! demanda l'inconnu en raillant, y a-t-il de bons Andalous pour défendre le duc de Medina-Celi contre Olivarès ?

— Il y a Moncade et dix épées, répondit une voix à son oreille.

D'autres voix dans la foule crièrent, suivant l'élan donné.

L'inconnu se retourna vivement. Il vit auprès de lui un cavalier de grande et noble taille, dont le visage disparaissait entièrement sous les vastes bords d'un sombrero léonais.

Il n'y eut entre eux aucune parole échangée.

Le cavalier se taisait maintenant et semblait attendre.

La foule grondait :

— Que Dieu confonde Olivarès ! Medina est l'ami du roi !

— Écoutez cela, seigneurs alguazils, dit l'inconnu triomphant ; vous jouez un jeu à perdre vos oreilles et le pain quotidien de vos enfants. Si vous essayez de m'arrêter, il s'agit de vos oreilles ; si vous reculez devant votre devoir, il s'agit de votre emploi. Remerciez-moi donc puisque je vais vous tirer d'embarras. Avez-vous jamais vu un duc aussi bavard que moi, mes camarades ? et n'êtes-vous pas honteux de prendre un mendiant pour un grand d'Espagne ? Par ma royauté, que je vais employer tout à l'heure à châtier mes coquins de sujets qui m'ont renié lâchement, je me moque de votre duc comme de votre Olivarès. Je suis le saint Esteban d'Antequerre, valant mieux dans son petit doigt que tous les ducs de la terre et tous les ministres du monde. On demande à un duc son épée ; moi je n'ai qu'un bâton comme vous, mais ce bâton est un sceptre ; il vous brûlerait les doigts si vous tentiez de me le prendre !

— On va l'essayer pourtant, dit le maître alguazil en levant sa baguette ; ceci dure trop. En avant ! et main forte pour le bon plaisir du roi !

Diego Solaz s'élança le premier, suivi de toute sa troupe. Les gueux se débandèrent, selon leur instinct. Un moment on put croire qu'un groupe de cavaliers, massés à droite de l'inconnu, allait s'interposer et le défendre ; mais l'homme au large sombrero, qui paraissait être le chef de ce groupe fit un geste. Les cavaliers restèrent immobiles.

C'était celui-là même qui avait dit : « Il y a Moncade et dix épées. »

Esteban resta seul en face de trois escouades réunies.

Il recula, pas à pas, jusqu'au pied du perron de l'église. La foule suivait avidement tous ses mouvements.

On put le voir arracher la pancarte suspendue au poteau, la jeter à terre et la fouler aux pieds.

— Misérable ! s'écria Diego Solaz en lui mettant la main à la gorge.

La place s'emplit d'un grand murmure. Les gueux revenaient en tumulte.

— O mes amis ! dit le vieux Picaros enthousiasmé, voilà un hardi garçon !

— Notre roi s'est fait reconnaître! ajouta Escaramujo, qui jeta sa calotte en l'air.

Au contraire, Moscatel, Caparrosa, Domingo et tous ceux qui connaissaient le saint d'Antequerre dirent à la fois, comme s'ils se fussent donné le mot :

— Qui donc est cet homme? Esteban n'aurait pas fait cela!

Le groupe de cavaliers se dirigea en même temps vers la maison du Sépulcre. L'homme au sombrero léonais murmura :

— Si c'est le duc, le duc est fou! nous n'avons plus rien à faire ici.

— Mettez-lui les bracelets, ordonna Diego Solaz et serrez comme il faut.

Il parlait encore quand une robuste main le saisit au collet par derrière.

— Stupide coquin, gronda une voix impérieuse, n'as-tu pas honte de compromettre ainsi l'autorité du roi?

— N'avez-vous pas vu ce que ce malheureux vient de faire? s'écria l'alguazil en se retournant avec colère, son talon est encore sur l'écrit portant le sceau royal et le nom très illustre de Sa Majesté.

— Lâche prise! commanda le nouveau venu.

— Il paraît, dit Esteban qui n'avait rien perdu de son calme railleur, il paraît que je n'aurai pas l'honneur d'être arrêté comme grand d'Espagne.

Celui qui avait saisi le chef des alguazils au collet était évidemment un homme d'importance, malgré son feutre sans plume et l'étoffe sombre de son manteau. Son bras levé laissait voir le dentelle qui s'échappait par les crevés de son pourpoint de velours.

Diego Solaz remarqua fort bien cela, mais il s'écria :

— Fussiez-vous le premier ministre, j'ai des ordres du président de l'audience, passez votre chemin ou malheur à vous!

— Tiens! tiens! ricana Esteban; supposons un moment que je sois Medina-Celi, ce serait donc mon cousin Alcoy qui me jetterait tous ces chiens dans les jambes?

— Dieu vous garde! mon noble cousin; ne jugez point mal ceux qui vous aiment.

Ceci fut prononcé tout bas et très près de son oreille.

Malgré son impassibilité qui semblait à l'épreuve de toute aventure, Esteban ne put retenir cette fois un mouvement de violente surprise.

— Alcoy! murmura-t-il.

Puis regardant cette manière d'athlète qui tenait le maître alguazil au collet, il ajouta :

— Don Pascual de Haro!

— Allons! allons! poursuivit-il tout haut et d'un ton plus délibéré que jamais, arrangez-vous entre vous, alguazils et grands seigneurs; j'ai mes affaires.

— Rends ta baguette, Diego Solaz, dit le président de l'audience en soulevant à demi son feutre, je te retire ton emploi. L'édit de Sa Majesté n'a pas abrogé le rescrit d'Alphonse le Juste, qui défend de porter la main sur un chrétien, le jour du Seigneur, pendant les offices, étant exceptés seulement les cas d'hérésie et de haute trahison.

— Eh bien ! balbutia l'alguazil, le cas de haute trahison...

Alcoy étendit la main vers les fenêtres de la maison de Pilate, qui tour à tour allaient s'illuminant.

— Medina-Celi est là, dans son palais, prononça-t-il avec une dédaigneuse sécheresse ; pendant que tu l'attendais ici, Medina-Celi est entré par le grand portail donnant sur la rue des Douleurs. Va-t'en, nous n'avons plus besoin de toi.

Diego Solaz baissa la tête et s'éloigna.

Cette fois, ce n'était pas le chien d'Ulysse qui hurlait, c'était la maison d'Ulysse tout entière qui entrait en fièvre. Il se faisait un grand mouvement dans les cours intérieures. La voix mâle de Catalina Nunez éclatait, appelant son mari, ses enfants, tout le monde, comme le commandement du capitaine fait sortir les matelots de l'entrepont à l'heure de la manœuvre. Manifestement, un fait principal venait de se passer de l'autre côté de ces vieilles murailles.

En même temps, les cloches de la basilique sonnaient pour la solennelle bénédiction qui termine le salut.

Esteban rejeta le pan de son manteau sur son épaule, posa son feutre de travers, et se prit à marcher, le poing sur la hanche, vers ce coin obscur situé à droite du perron de l'église où le bataillon des gueux s'était reformé. Il appela par leur nom Picaros, Gabacho, Mazapan, Caparrosa, Raspadillo, Moscatel, tous ceux enfin qui avaient pris part à la récente discussion.

Quand ils furent rassemblés autour de lui,

sombres et muets, il mit son feutre à la main et découvrit son large front où foisonnaient les boucles de son épaisse chevelure.

— Je n'ai pas besoin de vous, dit-il, et vous avez besoin de moi. Le temps d'être lâches est passé. Désormais, si vous voulez vivre, il faut être hommes.

— Nous sommes des hommes, répondit Caparrosa ; nous t'avons abandonné parce que tu nous as dit toi-même de ta propre bouche : Je suis le duc de Medina-Celi.

— Je dis ce que je veux ; je suis le maître. J'ai vu le temps où tous les frères de Séville auraient mis leurs bâtons et leurs poitrines au-devant de Medina menacé d'un danger.

— C'est vrai, c'est vrai, appuyèrent Picaros et ceux de son âge.

Mais Caparrosa repartit résolument :

— Ce n'est pas notre métier d'être braves. Nous sommes jeunes, Medina-Celi n'a rien fait pour nous.

Domingo dit :

— Caparrosa parle bien. Il pourrait être notre roi.

Un long murmure suivit cette parole. Caparrosa posait fièrement en face du saint d'Antequerre. Il avait pour lui une partie de la jeunesse, mais la majorité restait indécise.

— Nous ne voulons pas de Caparrosa, dit Raspadillo, parce que nous valons Caparrosa!

— Nous valons mieux que Caparrosa, enchérit Escaramujo le superbe.

— Étranger, ajouta Picaros toujours ami du

style noble, prouve-nous seulement que tu es Esteban, et nous sommes à toi !

— C'est cela ! s'écria-t-on de toutes parts ; qu'il prouve qu'il est Esteban ?

— Je l'ai prouvé deux fois déjà, répondit notre homme avec une légitime fierté ; je l'ai prouvé en mettant en fuite, moi tout seul, un troupeau d'alguazils ; je l'ai prouvé en foulant aux pieds l'insolente proclamation de Gaspar de Guzman, duc d'Olivarès. Faut-il le prouver une troisième fois ? à cela ne tienne ! Vous ne sauriez prendre trop de sûreté avec moi, mes fils, j'en conviens et je vous approuve. Vous avez entendu parler d'Esteban, je vois cela ; vous savez qu'il tiendra ferme le mors entre vos dents. Choisissez donc l'épreuve.

— Je demande à choisir l'épreuve, dit Caparrosa.

— Soit, l'ami... et ne m'épargne pas, car je n'oublierai point, moi, que tu es mon ennemi !

— Parle, Caparrosa ! fit la foule.

Le plus aimable et le plus avancé des gueux de la nouvelle école réfléchit un instant. Les chants se taisaient dans l'église ; ils étaient remplacés par ce bruit sourd de piétinements et de bancs qu'on remue, annonçant l'instant de la retraite. De l'autre côté de la place, la porte de la maison de Pilate venait de s'ouvrir ; des valets, parmi lesquels les trois Nunez étaient au premier rang, franchirent le seuil, tenant à la main des torches allumées, et se rangèrent en haie.

Le vieux Savien, armé en guerre, vint jusqu'à la borne qui marquait le milieu de la place, escortant la litière vide de la bonne duchesse.

Tout ce monde semblait rayonner de joie. On voyait bien sur leurs visages qu'une grande bénédiction emplissait le palais des Medina-Celi. C'était là surtout, du reste, ce qui occupait la foule des curieux depuis le départ des alguazils. A Séville, patrie de Figaro, les nouvellistes abondèrent de tout temps. Tous les nouvellistes de Séville étaient là et glosaient sur le bon duc qui venait de rentrer dans la maison de ses pères.

Il y avait, en vérité, de quoi gloser. En supposant la nouvelle vraie, et personne ne songeait à la révoquer en doute, c'était un fait de la plus haute importance. La cour d'Espagne n'était pas assez large pour contenir à la fois Hernan Perez de Guzman, et le comte-duc. Medina-Celi libre menaçait déjà Olivarès.

Aussi se trouvait-il là beaucoup de gens pour donner une signification à l'échauffourée qui venait d'avoir lieu devant le perron. Nul ne se souvenait d'avoir vu l'autorité du premier ministre si audacieusement méconnue. Chose véritablement inouïe, les gueux, vainqueurs, avaient le champ de bataille.

Qu'allait-il se passer dans Séville ? L'Espagne allait-elle changer de maître ?

Caparrosa, investi du droit de choisir l'épreuve, étendit la main vers le portail de l'église.

— Nous avons élu Esteban pour roi, dit-il, parce qu'il passe pour être le plus habile d'entre nous. Frères, cela est-il vrai ?

— Cela est vrai, fut-il répondu de toutes parts.

— En quoi consiste l'habileté d'un gueux ? poursuivit le poitrinaire de sa belle voix sonore et facile. A forcer la charité des passants, à ouvrir la bourse qui veut rester fermée, à dénouer le nœud gordien des escarcelles, cela est-il vrai encore ?

Très vrai.

— Il faut donc que celui-ci, qui prétend être Esteban d'Antequerre, nous prouve qu'il fait mieux que nous ; or, chacun de nous peut se porter fort d'obtenir une demi-douzaine de réaux parmi la foule pieuse qui va tout à l'heure se répandre sur cette place : les plus adroits, Picaros, Escaramujo, Palabras, Gabacho et même Domingo pourraient parier à coup sûr d'aller jusqu'à un douro ; moi et Raspadillo, nous nous engageons à faire le double... quelle somme fixerons-nous au saint Esteban ?

— Le double encore, fut-il répondu ; quatre douros.

— Ce n'est pas assez ! le double encore : huit douros.

— Un roi vaut bien quatre hommes !

— Dix douros pour faire une somme ronde ! opina Caparrosa ; qu'il obtienne dix douros en tendant la main, et je me déclare son sujet le plus fidèle.

Pendant cette étrange discussion, l'inconnu était resté impassible en apparence ; mais si un rayon fût venu en ce moment éclairer son visage, Caparrosa qui l'observait, aurait vu un voile de pâleur descendre sur la belle régularité de ses traits.

A ce mot : tendre la main, un court tressaillement avait agité tous ses membres.

— Acceptes-tu l'épreuve, Esteban d'Antequerre? demanda Gabacho.

L'inconnu ne répondit pas tout de suite. Il s'était tourné vers la porte de l'église. Une préoccupation puissante semblait y clouer son regard.

Quand il parla, enfin, on pouvait voir déjà sous le vestibule de la basilique une sorte de cortège qui s'avançait à pas lents vers la porte, au milieu des fidèles respectueusement alignés du côté de la nef.

— Ce n'est pas assez! dit-il en relevant tout à coup la tête; le double encore et encore le double! Caparrosa, toi qui m'as défié, tu vaux deux douros, as-tu dit? Esteban ne peut s'estimer moins de cent. Et il ne les prendra point un à un dans cent bourses. Si la première personne qui va sortir de l'église a cent douros dans son escarcelle, vous les verrez tout à l'heure dans ma main. Faites place et soyez juges!

Il se drapa dans son manteau et monta lentement les marches du perron.

Ce cortège qui descendait la nef de Saint-Ildefonse, c'était la maison de la bonne duchesse.

Esteban et Eléonor de Tolède se rencontrèrent sous le péristyle.

Esteban se présentait de face à la lumière lointaine de l'autel.

Il ôta son feutre et le tendit en disant :

— La charité, pour l'amour du Seigneur Dieu!

La duchesse s'arrêta comme si un spectre se fût dressé devant elle.

— Qui êtes-vous? qui êtes-vous? balbutia-t-elle d'une voix étouffée.

Au lieu de répondre, Esteban poursuivit à haute voix :

— Cent douros pour la bonne nouvelle, noble dame ! Le duc de Medina-Celi est dans le palais de ses pères.

— Bravo ! firent les gueux, spectateurs émerveillés.

— O mes amis ! s'écria Picaros attendri par l'enthousiasme ; il a trouvé le joint ! Quel homme ! quel roi ! Le Grand-Lépreux n'était qu'un enfant auprès de lui !

La duchesse s'appuya chancelante, au bras d'Osorio, son écuyer. Elle attacha sur Esteban un long regard, qui peu à peu se voila sous ses larmes.

Le doigt d'Esteban se posa rapidement sur sa bouche.

— J'attends mes cent douros, dit-il, comme le duc attend sa noble compage.

— Osorio, balbutia Eléonor, cent douros à cet homme !

— Cent douros ?... commença celui-ci.

— Cent pistoles, Osorio ! prononça impérieusement la duchesse ; et mille onces d'or demain s'il a dit vrai.

La lourde bourse qui pendait à la ceinture d'Osorio tomba dans le feutre d'Esteban, qui dit en tenant la bourse élevée :

— Que Dieu donne à Votre Grâce une longue vie de bonheur, entre son illustre époux et l'angélique enfant de vos jeunes amours !

Il s'inclina en même temps devant Isabel étonnée et descendit le perron comme il l'avait monté la tête haute et le pas ferme et lent.

Au bas des marches, deux hommes l'attendaient, le nez dans leur manteau.

— Don Baltazar de Alcoy avait reconnu Votre Seigneurie, murmura le premier.

— Et don Pascual de Haro, marquis de Jumilla, croit avoir donné un bon coup d'épaule à Votre Grâce, ajouta le second.

Ce fut tout. Ils se perdirent dans la foule, pendant qu'on portait jusqu'à sa litière la duchesse Eleonor, incapable de faire un pas.

Les hommes de valeur comme Caparrosa savent comprendre le génie. Caparrosa s'élança le premier vers l'inconnu et lui prit la main pour la baiser, en signe d'hommage. Ce fut autour du nouveau roi un tumulte frénétique. Esteban avait éparpillé sur le pavé, pour payer son joyeux avènement, le contenu de la bourse d'Osorio. Une enthousiaste acclamation retentit jusqu'au ciel.

Les principaux frères, les plus illustres parmi les compagnons de la sébile, sans distinction entre la jeune et la vieille école, Picaros, Mazapan, Raspadillo, Gabacho, Gingibre, Domingo, Escaramujo, Palabras, Moscatel, les plus incurables épileptiques, les paralytiques les plus abandonnés, la fleur des lépreux, la crème de estropiés, tous les meilleurs diamants enfin de c fantastique écrin de misères, se réunirent et formèrent un groupe d'élite, dont le centre était le saint Esteban d'Antequerre. A l'œuvre, on connait l'ouvrier. Désormais, ce monarque avait un trône bien autrement solide que celui du dernier représentant de la maison d'Autriche. Il possédait l'amour et l'admiration de ses sujets, il avait conquis sa couronne.

Il se laissa élever sur les épaules robustes des quatre plus hauts barons de la confrérie. Aussitôt que sa tête apparut au-dessus des autres, mille cris éclatèrent.

D'autres clameurs, célébrant un autre triomphe, retentissaient à l'intérieur de la maison de Pilate. Les curieux de la très héroïque cité de Séville avaient de l'occupation, ce soir-là.

Dans la cour du palais, splendidement éclairée, une armée de serviteurs criait sous le balcon de Medina-Celi :

— Longue vie au bon duc!

Dans l'ombre du parvis, la cohorte déguenillée, en marche déjà vers la cour des Miracles andalouse, répondait à pleins poumons :

— Vive Esteban, le roi des gueux!

FIN DE LA PREMIÈRE PARTIE

TABLE

DU TOME PREMIER

		Pages
I.	— Une Nuit à Séville	1
II.	— La Place de Jérusalem	20
III.	— Gueuseries	40
IV.	— Le Parvis de Saint-Ildefonse	64
V.	— Entre deux messes	84
VI.	— Ramire de Mendoze	107
VII.	— La Cour de Castro	129
VIII.	— Trois hommes d'État	150
IX.	— Esteban	177
X.	— L'Heure de la sieste	190
XI.	— Samson et les Philistins	210
XII.	— Le Chien d'Ulysse	242

Imprimerie de Poissy — S. Lejay et Cⁱᵉ.

www.ingramcontent.com/pod-product-compliance
Lightning Source LLC
Chambersburg PA
CBHW050647170426
43200CB00008B/1196